新编21世纪高等职业教育精品教材 ◆ 物流类

物流自动化技术及应用

WULIU ZIDONGHUA JISHU JI YINGYONG

主　编　阮旭艳

副主编　黄　蓉　施　佳　苏运春

参　编　钟艳妮　何　亮　段丽梅

　　　　周　雯　马　蓉　李淑华

中国人民大学出版社
·北京·

图书在版编目（CIP）数据

物流自动化技术及应用 / 阮旭艳主编. —北京：
中国人民大学出版社，2023.1
新编21世纪高等职业教育精品教材. 物流类
ISBN 978-7-300-31425-9

Ⅰ. ①物… Ⅱ. ①阮… Ⅲ. ①物流-自动化系统-高
等职业教育-教材 Ⅳ. ①F253.9

中国国家版本馆 CIP 数据核字（2023）第 005511 号

新编21世纪高等职业教育精品教材·物流类
物流自动化技术及应用
主　编　阮旭艳
副主编　黄　蓉　施　佳　苏运春
参　编　钟艳妮　何　亮　段丽梅　周　雯　马　蓉　李淑华
WuLiu Zidonghua Jishu ji Yingyong

出版发行	中国人民大学出版社			
社　　址	北京中关村大街 31 号	**邮政编码**	100080	
电　　话	010 - 62511242（总编室）	010 - 62511770（质管部）		
	010 - 82501766（邮购部）	010 - 62514148（门市部）		
	010 - 62515195（发行公司）	010 - 62515275（盗版举报）		
网　　址	http://www.crup.com.cn			
经　　销	新华书店			
印　　刷	北京昌联印刷有限公司			
规　　格	185 mm×260 mm　16 开本	**版　　次**	2023 年 1 月第 1 版	
印　　张	14	**印　　次**	2023 年 1 月第 1 次印刷	
字　　数	256 000	**定　　价**	39.00 元	

前　言

　　物流自动化系统是集光、机、电、液、气为一体的大型复杂系统，包括所需输送的物料和相关设备、输送工具、仓储设施、人员及通信联系等若干相互制约的动态要素，能够实现物料运输、识别、分拣、堆码、仓储、检索、发售等各个环节的全过程自动化作业，是现代物流装备、计算机及其网络系统、信息识别和信息管理系统、智能控制系统的有机集成。物流自动化系统主要由物流自动化机械设备、物流自动化信息技术、物流自动化电气控制技术、自动化立库系统、自动分拣系统、自动导引小车等组成。

　　本书由物流自动化认知、物流自动化机械设备、物流自动化信息技术、物流自动化电气控制技术、物流自动化系统及分类、物流自动化应用及实践典型案例等六个项目组成。每个项目又由若干任务组成。项目一"物流自动化认知"包括物流自动化系统的构成要素和物流仓储管理典型工作岗位职责；项目二"物流自动化机械设备"包括仓储系统设备、装卸搬运设备、集装箱及其设备；项目三"物流自动化信息技术"包括认知物流信息技术、常用数据采集技术、数据传输与定位技术；项目四"物流自动化电气控制技术"包括低压控制电器及电机驱动技术、PLC 编程技术、监控组态技术、现场总线技术等；项目五"物流自动化系统及分类"包括自动化立库系统、自动分拣系统、自动导引小车等；项目六"物流自动化应用及实践典型案例"包括某航空公司航材自动化立体库、某医药自动化立体仓储系统等。

　　本书是普通高等院校和高等职业技术院校物流工程和物流管理等相关专业的教学和实践指导用书，也可作为物流从业人员的参考用书，具有较强的针对性和实践性。通过学习本书知识，学生能够掌握物流自动化系统的相关理论知识，同时通过实践案例，学生可将理论知识应用于实践，培养学习能力和实践能力，进而培养勤于思考的优良品质以及不怕吃苦的劳动精神。

本书编写分工如下：项目一由阮旭艳负责编写；项目二、项目三由黄蓉负责编写；项目四由施佳负责编写；项目五由阮旭艳负责编写；项目六由苏运春负责编写。全书由阮旭艳负责审稿核定。

感谢为本书编写和课程资源建设提供思路和帮助的钟艳妮高工（企业）、何亮副教授、段丽梅副教授、李淑华副教授、赵斌副教授、孙玥教授、梁冬梅副教授、周雯副教授、熊正平教授、姜若玮老师、马蓉老师、张玲瑞老师等。高颖、普瑞杰、朱妙、王伟彬等四位同学为课程资源建设提供了技术支持，在此一并表示感谢。

本书在编写过程中，借鉴了诸多专家学者和同行的相关成果，在此表示衷心的感谢。

因编者水平有限，错误之处在所难免，敬请读者批评指正。

编者

2022 年 12 月

目 录

项目一

物流自动化认知

项目一 物流自动化认知
┌ 任务一 物流自动化系统的构成要素
└ 任务二 物流仓储管理典型工作岗位职责

知识目标

1. 认知物流与物流系统。
2. 熟悉常见的物流自动化系统，包括社会物流和生产物流。
3. 掌握物流自动化系统的基本组成。
4. 了解物流自动化先进技术及发展趋势。
5. 熟悉物流仓储管理典型工作岗位职责。

技能目标

1. 能区分自动化与物流自动化技术。
2. 能根据不同的工作领域选择物流自动化系统。
3. 能胜任物流仓储管理典型工作岗位。

素质目标

1. 培养学生的学习能力。
2. 培养学生解决问题的能力。
3. 培养学生正确的世界观、人生观、价值观。

知识链接

一、物流与物流系统

(一) 物流的定义及发展

物流泛指物资实体及其载体的场所或位置的转移和时间的占用,即物资实体的物理流动过程。物流管理的目标是以最少的成本,在"正确"的时间(right time)、"正确"的地点(right location),利用"正确"的条件(right condition),将"正确"的商品(righ goods)送到"正确"的顾客(right customer)手中,通过物的流动,衔接供需关系,满足顾客需求,实现物流的时空效益。

现代物流主要具有以下发展趋势。

1. 物流规模大型化和广泛化

21世纪是经济全球化的时代,作为服务业的物流企业,也要满足全球化、区域化的物流服务要求。建立战略联盟是物流业发展的趋势,其主要表现为物流园区的建设和物流企业的兼并与合作。

物流园区是多种物流设施和不同类型的物流企业在空间上集中布局的场所,是具有一定规模和综合服务功能的物流集结点。日本是最早建立物流园区的国家,至今已建立120个大规模的物流园区,平均占地约 $7.4km^2$;荷兰统计的14个物流园区平均占地 $4.5km^2$;德国不来梅的货运中心占地在 $10km^2$ 以上(德国不来梅港口如图1-1所示),纽伦堡物流园区占地约 $7km^2$。

图1-1 德国不来梅港口

2. 物流企业集约化和协同化

随着国际贸易的发展,美国和欧洲的一些大型物流企业开始跨越国境,展开连横合纵式的并购,大力拓展国际物流市场,以争取更大的市场份额。例如,德国邮政出资11.4亿美元收购了美国大型陆上运输企业环球捷运（AEI），美国联合包裹运送服务公司（UPS）并购了总部设在迈阿密的航空货运公司——挑战航空公司。新组成的物流联合企业、跨国公司将充分发挥互联网的优势，及时准确地掌握全球的物流动态信息，调动自己在世界各地的物流网点，构筑起全球一体化的物流网络，节省时间和费用，将空载率压缩到最低限度，战胜竞争对手，为货主提供优质服务。物流企业的并购以一种集约化方式使物流企业之间建立了合作与战略联盟。

3. 物流服务优质化和全球化

随着消费多样化、生产柔性化、流通高效化时代的到来，社会和客户对物流服务的要求越来越高，物流服务优质化和全球化是物流今后发展的重要趋势。

4. 数字物流兴起和发展

据统计，全球通过互联网进行的企业间电子商务交易额，1998年达到430亿美元，2002年迅速增长到8 400亿美元。企业通过互联网加强了企业内部、企业与供应商、企业与消费者、企业与政府部门的联系与沟通、协调与合作。消费者可以直接在网上获取有关产品或服务信息，实现网上购物。电子物流可以在线追踪发出的货物、在线规划投递路线、在线进行物流调度、在线进行货运检查等。

5. 绿色物流不断发展

物流虽然促进了经济的发展，但是物流发展的同时也会给城市环境带来不利的影响，如运输工具的噪声、污染排放、交通阻塞等。绿色物流（environmental logistics）是指在物流过程中抑制物流对环境造成的危害的同时，实现对物流环境的净化，使物流资源得到最充分的利用。

（二）物流系统的定义及特点

物流系统是指在一定的时间和空间里，由需要位移的物资、包装设备、装卸搬运机械、运输工具、仓储设施、人员和通信联系等若干相互制约的动态要素所构成的具有特定功能的有机整体。

现代物流贯穿于社会物资的生产、分配、交换、流通，一直到消费、废弃的全过程，具有运输、仓储、包装、装卸搬运、流通加工、配送、信息处理等环节。物流系统完全具备一般系统的条件，有着自己的运动规律和发展阶段，应将其所涉及的物流事务和全过程作为一个整体处理，以系统的观点、系统工程的理论和方法进行分析研究，以实现其空间和时间的经济效益。物流系统除具有一般系统所共有的特点以外，还具有以下几个基本特点。

1. 物流系统是一个"人机系统"

物流系统是由人和形成劳动手段的设备、工具所组成的。在物流活动中，人是系统的主体。因此，在研究物流系统各方面的问题时，应将人和物有机结合起来，作为不可分割的整体加以考察和分析，并且始终应将如何发挥人的主观能动性放在首位。

2. 物流系统是一个大跨度系统

物流系统的大跨度体现在两方面：一是地域跨度大，通常情况下会跨越地区界限；二是时间跨度大，有些商品，尤其是季节性商品，在产需时间上存在很大的差异。

3. 物流系统是一个可分系统

作为物流系统，无论其规模多么庞大，都可以分解成若干个相互联系的子系统。这些子系统的多少和层次的阶数，是随着人们对物流的认识和研究的深入而不断扩充的。系统与子系统之间、子系统与子系统之间，存在着时间和空间上及资源利用方面的相互联系，也存在着总的目标、费用及运行结果等方面的相互联系。

4. 物流系统是一个动态系统

由于物流系统一端连接着生产者，另一端连接着消费者，因而系统内的各个功能要素和系统的运行会随着市场需求、供应渠道和价格的变化而经常发生变化，这就增加了系统优化和可靠运行的难度。物流系统是一个满足社会需要、适应环境变化的动态系统，经常变化的社会环境，使人们必须对物流系统的各组成部分不断地进行修改、完善，这就要求物流系统具有足够的灵活性与柔性。

5. 物流系统是一个多目标函数系统

物流系统的多目标常常表现出"效益背反"现象。所谓"效益背反"，是指物流系统的各要素之间存在目标不一致的地方。例如，对物流成本期望达到最低，而对物流服务水平期望达到最高等。物流系统恰恰在这些矛盾中运行。要想达到一个目标，必然造成另一目标的损失，在处理时稍有不慎，就会出现总体恶化的结果。可见，要使物流系统在各方面满足人们的要求，就要建立物流多目标函数，并在多目标函数中求解出物流的最佳效果。

二、自动化与物流自动化系统的基本概念

（一）自动化科学技术

自动化科学技术主要研究如何运用各种信息技术延伸人的信息获取、处理和决策控制的能力，是为了解决人类面临的各种问题以达到改造世界的目的。随着社会的进步和科学技术的发展，人类面临的系统构造中的各种挑战日趋复杂。我们面临的往往是比较明确的需求，而现实的客观条件却是对信息资源的被动使用，以及多种复杂因素的相互影响。无论是自动控制还是信息处理都面临着复杂的挑战，包括：

（1）研究对象日益增长的复杂性。

（2）周围环境的不确定性和复杂性。

（3）信息技术工具本身的复杂性。

（4）人类自身行为及其与系统间的相互作用关系的复杂性等。

这种多方面复杂性的相互影响和综合处理是自动化学科独具的特征，因此自动化科学可概括为建立自动化系统的各种理论和技术的综合，用来处理人类、客观物理对象、信息系统工具三大要素间的关系，是系统论、控制论、信息论、决策和博弈论，以及通信、计算和信息处理等技术手段和相关学科的交叉学科。

（二）物流自动化系统

物流自动化系统是集光、机、电、液、气为一体的大型复杂系统，包括所需输送的物料和相关设备、输送工具、仓储设施、人员及通信联系等若干相互制约的动态要素，能够实现物料运输、识别、分拣、堆码、仓储、检索、发售等各个环节的全过程自动化作业，是现代物流装备、计算机及其网络系统、信息识别和信息管理系统、智能控制系统的有机集成。物流自动化系统主要由物流自动化机械设备、物流自动化信息技术、物流自动化电气控制技术等组成。

任务一　物流自动化系统的构成要素

○ 任务引入

广州市某物流股份有限公司成立于2015年，其业务范围涵盖支持客户战略发展及供应链管理的国际物流采购、零售物流、分销配送、供应商管理库存（VMI）等项目型物流服务，以及面向客户基础物流需求的拖车、代订舱、仓储、配送、报关、报检、保险等服务。公司有各种运输车辆1 000多辆，多艘集装箱驳船，逾30 000m² 保税监管仓库，9家子公司与分公司及近20家办事处，以及覆盖50多个国家和地区的稳定代理网络。小华是该公司刚入职的新员工，在仓储管理部担任助理工程师。领导要求小华对公司仓储物流自动化系统应用情况进行分析，找出系统运行过程中存在的问题，以便及时优化物流自动化系统，降低运营成本，提升管理水平。小华该如何操作呢？

○ 任务分析

物流自动化系统可以看成现代物流装备、计算机及其网络系统、信息识别和信息管理系统、智能控制系统的有机集成，是集光、机、电、液、气为一体的复杂的系统工程。

一、物流自动化系统的基本组成

根据系统应用场合的不同，物流自动化系统可以分为社会物流自动化系统和生产物流自动化系统两大类。前者包括仓储物流自动化系统（或自动化立库系统）、分拣配送中心等，通过自动化手段完成收货、库存管理、发货等作业；后者属于生产自动化的范畴，完成生产过程中上、下游工序间的物料搬运。

例如，仓储物流自动化系统包括堆垛机、货架、自动识别设备、自动搬运设备、输送设备、信息管理和控制系统等，如图 1-2 所示。其作用是存储物料、协调供需关系，它是流通领域的"调节阀"。

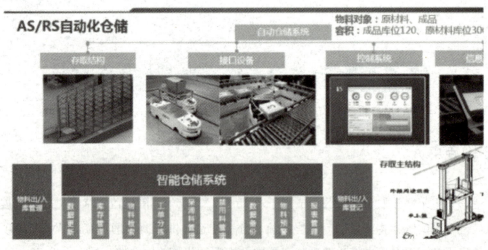

图 1-2　仓储物流自动化系统

生产物流自动化系统用于实现生产中不同场地、不同工序或不同设备之间的物料或工具的自动传送。以自动导引小车（AGV）为例，生产物流自动化系统流程如图 1-3 所示。

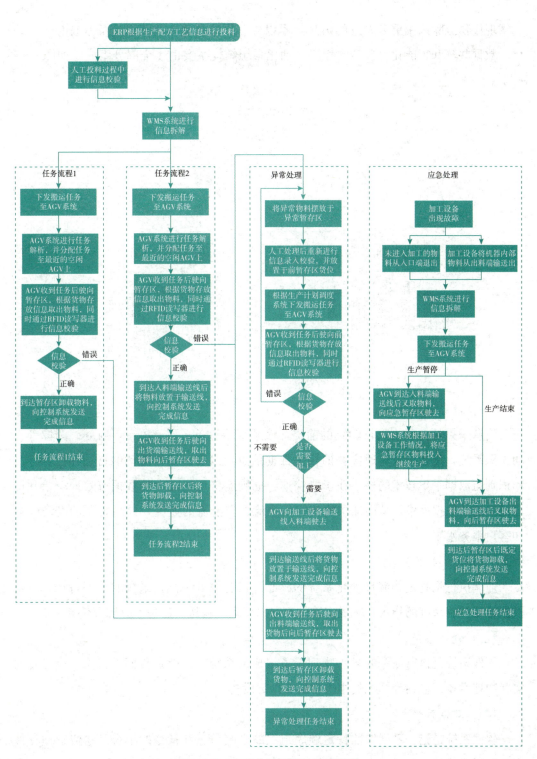

图 1-3 生产物流自动化系统流程

现代物流除采用更多先进的信息技术以外，更注重整个物流系统的系统化、网络化、数据共享和智能化。典型的物流自动化系统结构主要由 4 个部分组成，如图 1-4 所示。

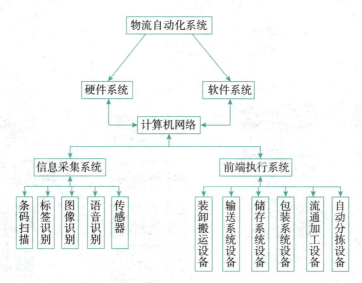

图 1-4　典型的物流自动化系统结构

（一）信息采集系统

信息采集是实现物流自动化的前提，该系统通过条形码、语音、射频、图像等自动识别系统收集和记录流通实物的相关数据信息，以实现实物流动的自动化控制。自动识别与数据采集技术的核心在于能快速、准确地将现场庞大的数据有效地登录到计算机系统的数据库中，从而加快物流、信息流、资金流的速度，提高企业的经济效益和客户服务水平。

（二）前端执行系统

前端执行系统是物流自动化系统的核心，具有机电一体化系统的典型特征，系统根据智能控制系统的指令，完成实物的存取、搬运、输送、运输、分拣等任务。

（三）硬件系统

硬件系统是执行命令的各种物理设备组成的系统，也就是我们看得见、摸得着的实际物理设备，包括计算机的主机和所有外部设备。

（四）软件系统

软件系统是指一系列按照特定顺序组织的电脑数据和指令的集合。物流管理软件主要包括货代管理系统（FMS）、仓储管理系统（WMS）、运输管理系统（TMS）、供应链管理系统（SCM）等。

二、物流自动化系统的主要特点

（一）系统化

物流自动化系统包含多个环节，是一个将光、机、电、控制、信息等先进技术组合在一起的复杂系统，因而必须利用系统科学的思想和方法来建立、分析和优化系统结构，合理定义和划分各子系统的功能和任务，科学配置和协调系统内部参数，以最大限度地提高系统的运行效率和可靠性。

（二）集成化

随着物流专业化和社会化的发展，物流企业提供的功能和服务不断增加，制造业和商业企业的物流不断转移，特别是在现代供应链的运作方式下，物流的含义已从传统的仓储和运输延伸到采购、制造、分销等诸多环节。物流功能的增加必然要求对物流环节或过程进行整合集成，通过集成，优化物流管理，降低运营成本，提高客户价值。另外，科学技术的发展及在物流领域的广泛应用，在提高了物流管理水平的同时，也带来着各种技术之间的集成问题。因此，集成化至少包括两方面的内容：管理集成和技术集成。由于现代物流管理越来越依赖于先进的技术，因此还会出现管理和技术交叉的集成问题。

（三）自动化

物流自动化是指物流作业过程的设备和设施的自动化，包括运输、装卸、包装、分拣、识别等作业过程。物流自动化可以方便物流信息的实时采集与跟踪，提高整个物流系统的管理和监控水平等。物流自动化设施包括自动识别系统、自动检测系统、自动分拣系统、自动存取系统、自动跟踪系统等。

（四）智能化

自动化过程中包含更多的机械化成分，而智能化中包含更多的电子化成分，包括集成电路、计算机硬件和计算机软件等。智能化不仅用于作业，而且用于管理，比如库存管理系统、成本核算系统等。智能化不仅可以代替人的体力，而且可以运用或代替人的脑力。

（五）网络化

物流网络既包括由计算机和电子网络技术构成的进行物流信息交换和系统控制的电子网络，又可指交通运输网络、公司业务网络和在此基础上形成的全国性、区域性乃至全球性的分销和物流配送网络。

（六）信息化

物流信息化是电子商务的必然要求，物流信息化表现为物流信息收集的数据库化和代码化、物流信息处理的电子化和计算机化、物流信息传递的标准化和实时化、物流信息存储的数字化等。

三、物流自动化先进技术

中国产业调研网发布的《2020—2026 年中国物流自动化行业现状深度调研与发展趋势分析报告》指出，我国物流自动化行业起步较晚，对比发达国家 80％的水平尚有巨大的可开发空间。细分行业中，烟草、医药、汽车的物流自动化率分别为 46％、42％和 38％，在自动化的普及率方面，其在各行业中处于国内领先水平。

（一）物流自动化系统行业产业链分析

物流自动化系统行业产业链主要分为上、中、下游三个部分。上游主要为货架、辊筒、电机、光电开关、支腿框架等单机设备和零部件提供商；中游是解决方案提供商，自身拥有核心设备和/或软件产品，并根据行业的应用特点使用多种设备和软件，设计建造物流自动化系统；下游是应用物流自动化系统的各个行业，包括医药、电子商务、汽车、规模零售等诸多行业。仓储物流自动化系统行业产生链如图 1−5 所示。

图 1−5　仓储物流自动化系统行业产业链

中游的解决方案提供商处于整个产业链的核心地位，为增强自身的核心竞争力，越来越多的解决方案提供商持续加强自身核心装备及软件的研发创新，拓展核心产品种类。同时，部分设备提供商和拥有核心软件产品的系统集成商也在向解决方案提供商演变，目前比较知名的解决方案提供商大都是由设备提供商和软件开发商演变而来的，前者主要是一些物流设备的生产厂家，这类企业的硬件技术较强，比如日本大福、德马泰克、昆船物流等；后者则在软件技术开发上具有较强的竞争实力，比如今天国际和兰剑智能。

物流自动化系统行业上游主要为单机设备和零部件提供商，我国物流自动化系统行业的发展正处在由集成自动化向智能自动化转变的阶段，行业内单机设备和零部件提供商处于充分竞争的市场状况，上游供给充足，供给价格稳定。

我国经济已进入转型升级阶段，随着国内企业生产规模的不断扩大、企业管理信息化的日益普及和土地及人力成本的逐年提高，生产自动化、物流自动化作为降本增效新的利润增长点，其战略地位日益凸显。为适应企业高效、准确、低成本的物流作业要求，物流自动化系统行业不断发展壮大，物流自动化系统已在医药、电子商务、汽车、规模零售等诸多行业中得到广泛的推广和应用。

（二）技术发展现状分析

随着下游客户对信息化、自动化、智能化需求的不断增长，物流自动化系统已逐渐成为信息技术和先进制造业相融合的重要组成部分，成为智能制造中整合物流、数据流和信息流等的关键因素。近年来，随着密集存储和高效拆零拣选需求的增加以及物流技术和设备的改进，物流自动化系统行业在技术、产业、业态和模式等方面也在不断发展进步。

1. 技术发展情况

在物流自动化系统中，有大量的货物定位、存储、取货、拣选等操作，这些操作如单纯靠人工完成，则工作量巨大、效率低下且差错率较高，尤其对于高层货架，没有堆垛机等设备实现存取货功能，人工难以完成存取任务。近年来，在物流自动化系统技术方面，用于完成自动搬运和存取任务的物流机器人技术和相应的软件控制技术不断取得突破和发展。

（1）物流机器人技术。

1）堆垛机技术。

堆垛机是一种仓库物料搬运机械，是用货叉或串杆攫取、搬运和堆垛或从高层货架上存取单元货物的专用起重和搬运机，它通过手动操作、半自动操作或全自动操作把货物从一处搬运到另一处，是整个仓储物流自动化系统的核心设备之一。堆垛机的主要构成包括机架、水平行走机构、提升机构、载货台、货叉及电气控制系统等。

2）穿梭车技术。

穿梭车作为一种独特的自动化物流设备，能在货架的导轨上运行，实现料箱货物的出入库，主要解决了货物密集存储与快速存取的难题。根据所处理货物单元的不同，穿梭车可以分为托盘式穿梭车和料箱式穿梭车两大类。其中，前者是密集存储的有效解决方案，后者则主要解决大规模拆零拣选问题，主要用于"货到人"拣选系统。相比于堆垛机只能在固定巷道作业，穿梭车比堆垛机方案柔性更高，用较少的设备即可处理大量货位，同时穿梭车较堆垛机而言更为稳定。随着电池、通信和网络等关键技术的逐步解决，穿梭车被迅速应用于物流自动化系统。

3）移动机器人（AGV）技术。

移动机器人是一种以蓄电池作为动力源，装有非接触控制导向装置的无人驾驶自动化搬运小车，是一种自动导向小车，能够通过计算机发布指令，并在其监控之下实现无人驾驶，自动沿着计算机规划的路径行驶，到达指定地点，完成一系列的作业任务。移动机器人广泛应用于生产制造系统和自动化搬运工厂之中，尤其适用于不适合工作人员进入的工作场所。目前主流的移动机器人技术可实现自动计算最优路线，返回时自动选择最近等待区，自动寻找最近充电桩对接充电，并浮动需要充电的标准。以计算路线为例，物流移动机器人在分拣送货后进行返回线路的选择时不是选择距离最短的路线，而是选择效率最优的路线，避免线路出现拥堵。

4）码垛机器人技术。

码垛机器人适用于纸箱、袋装、灌装、箱体、瓶装等各种形状的包装物品码垛与拆垛作业，其不仅能搬运重物，而且作业速度和质量远高于人工。每一台码垛机器人都有独立的控制系统，保证作业精度，通过科学、合理的机械本体设计，码垛机器人可以适应高负重、高频率、高灵活性的拆码垛作业。

5）分拣机器人技术。

分拣机器人由传感器、物镜、图像识别系统和多功能机械等组成，可利用图像识别系统识别物品形状，用机械手抓取物品，然后放到指定位置，实现货物的快速分拣。

（2）软件控制技术。

1）自动识别技术。

自动识别技术是指以标识技术为基础，通过获取标识载体承载的标识信息，实现标识对象信息获取的技术，是信息数据自动识读、自动输入计算机的重要方法和手段，是集计算机、光、磁、物理、机电、通信技术为一体的高新技术。应用于物流自动化系统的自动识别技术主要有图像识别技术和射频识别技术等。图像识别技术是通过机器视觉产品将被摄取目标转换成图像信息，传送给专用的图像处理系统，进而根据系统判别结果来控制设备运作；射频识别技术是通过无线射频方式对目标加以识别并获取相关数据，实现非接触双向数据通信，识别工作无须人工干预。

2）大数据技术。

大数据技术是指从海量的数据中提取出有用的数据进行分析和处理，找出资源最优配送路径和方式。大数据技术通过对货物分类、库存估计与预测、货物存库状态等信息的提取和分析，可以有效提升物流自动化系统的数字化技术水平。它可以针对每个运输节点进行分析，找出最佳存取货方式，提升货物出入库的效率，并能实现物流自动化系统作业的网络化、自动化、可视化和智能化。

3）可视化及多维监控技术。

可视化技术是利用计算机图形学和图像处理技术，将数据转换成图形或图像在屏幕上显示出来，并进行交互处理的理论、方法和技术。利用基于可视化技术发展起来的多维监控技术可以对物流作业过程中每个系统的运行状态进行实时监控，全面保障各个环节物流信息的交流和传输，提高物流作业效率和管理水平。

4）虚拟仿真技术。

虚拟仿真技术是指建立仿真模型、数据库，通过模拟场景，实现物流自动化系统和设备之间通信、运行的仿真，通过在仿真平台上进行物流作业的过程、管理和成本等方面的模拟，实现物流自动化系统布局、线路合理设计，达到提高物流作业效率的目的。

2. 近年来产业发展新情况

随着近年来我国电子商务、第三方物流、冷链物流等行业的快速扩展以及物流自动化系统高效拆零拣选技术、密集存储技术及极端环境设备的不断发展，物流自动化系统在传统的医药、汽车等领域持续拓展的同时，正在以更快的速度进入电子商务、规模零售、第三方物流、冷链物流等新兴行业中。自动化和智能化的物流自动化系统应用领域和行业正在快速发展之中。

四、物流自动化系统行业未来发展趋势

物流自动化系统行业为我国生产领域、流通领域、航空航天领域等各行各业物资的集约存取和快速拣选提供了坚实的技术支撑和工程性保障，是我国先进生产力的重要体现。我国经济产业调整、发展模式创新等，为物流自动化系统行业拓展了广阔的发展空间，同时也对其技术的创新发展提出了更高的要求。我国物流自动化系统行业发展的趋势可以概括为高密度存储、高效率拣选、一体化集成、定制化研发、智能化处理、绿色环保等。

○任务实施

【作业的相关步骤】　物流自动化系统的构成要素分析步骤

步骤1：限定问题。

从总体上确定物流自动化系统的应用领域，建立物流自动化系统的基本框架。

步骤2：剖析物流自动化系统本质。

深入物流自动化系统的内部，探讨物流系统的基本组成，概括其特性。

步骤3：辨识物流自动化系统构成要素。

不同的物流自动化系统，其构成要素不同，要根据物流自动化系统的应用领域分析其构成要素。

■ 实训练习

1. 物流自动化系统是由哪些部分组成的？
2. 物流自动化系统的特点是什么？
3. 物流自动化系统行业产业链的构成是怎样的？

任务二　物流仓储管理典型工作岗位职责

○任务引入

小华是某物流公司刚入职的新员工，在仓储管理部担任助理工程师。领导要求小华对仓储管理部各岗位职责进行梳理并分析岗位职责能力要求，以便合理调配人力资源，提高仓储管理部门的运作能力。小华该如何操作呢？

○任务分析

一、物流仓储管理的作用和意义

从许多微观案例来看，仓储管理已成为供应链管理的核心环节。这是因为仓储总是出现在物流各环节的接合部，例如采购与生产之间，生产的初加工与精加工之间，生产与销售之间，批发与零售之间，不同运输方式转换之间等。仓储是物流各环节之间存在不均衡性的表现，仓储管理正是解决这种不均衡性的手段。仓储环节集中了上下游流程整合的所有矛盾，仓储管理就是为了更好地实现物流流程的整合。借用运筹学的语言来描述仓储管理在物流中的地位，就是在运输条件为约束力的情况下，寻求最优库存（包括布局）方案作为控制手段，使得物流达到总成本最低的目标。在许多具体的案例中，物流的整合、优化实际上可以归结为仓储的方案设计与运行控制。

二、仓储管理的主要内容

仓储管理的内容主要包括三个部分：仓储系统的布局设计、库存的最优控制、仓储作业的操作。

仓储系统布局是顶层设计，也是供应链设计的核心。具体来说，就是要把一个复杂纷乱的物流系统通过枢纽的布局设计改造成为"干线运输＋区域配送"的模式，枢纽就是以仓库为基地的配送中心。在相应的信息系统设计中，表现为"联库管理"的模式，分为集中式、分布式和混合式三类，其中配送中心的选择和设计是整个系统布局的关键。这部分内容通常并不包含在仓储信息系统（WMS）之中，但是布局设计的通用性以及对于布局设计变化的适应性会成为客户选择仓储信息系统的一个重要依据。

库存的最优控制就是要确定仓库的商业模式，即根据上一层设计的要求确定本仓库的管理目标和管理模式。如果本仓库是供应链上的一个执行环节，是成本中心，多以服务质量、运营成本为控制目标，追求合理库存甚至零库存；如果本仓库是独立核算的利润中心，则是完全不同的目标和管理模式，除了服务质量、运行成本外，更关心利润的核算，所以计费系统和客户关系管理成为其中极其重要的组成部分，因为在计费系统中固化了市场营销的战略和策略。

仓储作业的操作是最基础的部分，也是所有仓储信息系统最具有共性的部分，正因为如此，仓储作业操作的信息化成为仓储信息系统与其他管理软件（进销存、ERP等）相区别的标志。这部分内容不仅要根据上一层确定的控制目标和管理模式落实为操作流程，还要与众多的专用仓储设备自动控制系统相衔接，所以是技术上最复杂的部分。

三、仓储管理典型工作岗位职责

（一）仓储调度岗位职责

（1）负责生产计划的分解，统筹调配内部资源，处理生产过程中的异常情况。

（2）负责本科室员工工资的合理分配。

（3）负责协助主任完成仓储月度、季度、半年度及年度盘点工作的开展。

（4）负责日常设备的安全巡检、隐患排查与整改。

（二）物流调度岗位职责

（1）负责日常车辆调度工作，对调度部主管负责。

（2）根据时间和发货量合理规划配送车辆和路线。

（3）处理运输过程中出现的问题，并指导司机及时应对。

（4）对配送司机进行有效管理，以使所运送货物安全及时地到达客户手中，并不断提升配送司机的服务水平。

（5）管理客户的日常投诉问题，及时协调人员和车辆，调整司机路线。

（6）负责生产、配送、客户之间的沟通协调工作，提高客户满意度。

（7）配合公司对司机进行筛选和考核，并对存在的问题提出有效解决方案。

（三）车辆调度岗位职责

（1）安排车辆发货，做好司机现场管理。

（2）根据司机的工作强度和身体状况，合理安排司机轮休，严防疲劳驾驶，杜绝安全隐患。

（3）掌握各工地详细情况，了解各个工地所在区域信息及路面状况，顺利完成营销部下达的运输任务。

（4）积极与司机沟通，及时掌握司机的思想动态，并向上级汇报。

（5）妥善保管好每日回收的产品出仓单、船运开单，核对整理后交给统计人员核算，对不合格的签收单，协助统计人员及时安排补签。

（6）完成上级领导交办的其他事项。

○任务实施

【作业的相关步骤】 物流仓储管理典型工作岗位职责分析步骤

步骤1：分析具体工作的作用和意义。

步骤 2：分析具体工作领域的工作内容。

步骤 3：分析具体工作岗位的职责范围。

不同的工作岗位其职责范围不同，要根据物流仓储管理具体工作岗位职责和范围分析典型工作岗位职责。

实训练习

1. 仓储管理的主要内容是什么?

2. 物流仓储管理典型工作岗位职责是什么?

项目二

物流自动化机械设备

```
                                    ┌─ 任务一  仓储系统设备
                                    │
项目二  物流自动化机械设备 ──────────┼─ 任务二  装卸搬运设备
                                    │
                                    └─ 任务三  集装箱及其设备
```

知识目标

1. 认识仓储设备、装卸搬运设备、集装箱等相关物流设备的作用与分类。

2. 熟悉仓储设备、装卸搬运设备的基本类型、功能、应用。

3. 熟悉各种托盘、货架的特点和应用场景。

4. 掌握常用物流设备的操作方法和维护保养基础知识。

技能目标

1. 能操作和使用常用物流设备。

2. 能够根据物料选择合适的物流设备。

3. 能够管理常用的物流自动化机械设备。

素质目标

1. 培养学生的学习能力。

2. 培养学生解决问题的能力。

3. 培养学生正确的世界观、价值观、人生观。

○ 知识链接

一、物流设备的概念和分类

物流设备是指用于储存、装卸搬运、运输、包装、流通加工、配送、信息采集与处理等物流活动的设备或设备的总称。

物流设备可分为运输设备、仓储系统设备、装卸搬运设备、流通加工设备、集装单元化设备、物流信息技术设备等。

物流设备与物流系统的关系体现在以下两个方面：

（1）物流设备贯穿于物流活动的每一个环节（制造—检验—装配—包装—运输—装卸—储存—销售）。

（2）物流设备是物流技术水平高低的标志，也是提高物流生产力的决定性因素。

二、物流设备的应用现状

我国物流行业设备应用现状如下：

（1）总体数量迅速增加。

（2）专业化水平提高。

（3）自动化水平和信息化程度提高。

（4）应用广泛。

（5）物流设备生产、销售和应用系统基本形成。

三、物流设备的发展趋势

物流设备的发展趋势如下：

（1）大型化和高速化。

（2）实用化和轻型化。

（3）专用化和通用化。

（4）自动化和智能化。

（5）成套化和系统化。

（6）绿色化和节能化。

任务一 仓储系统设备

○ 任务引入

近年来，随着劳动力价格上升，中国制造业的"人口红利"正在逐渐消失。众所周知，物流成本居高不下一直是我国制造业的一大难题，我国物流成本占产品成本的比例高达30％～40％，因此，以现代化、自动化的物流装备提升传统产业，推动"技术红利"替代"人口红利"，已经成为我国物流行业降低经营成本、提升市场竞争力的必然选择。尤其是电商业务量的高速增长，不仅促进了物流信息化、标准化、机械化、自动化发展，同时也将推动传统物流产业转型升级，这都为物流技术装备市场带来了新的机遇。

华兴智能装备技术有限公司主营自动化物流成套设备的销售、安装及售后服务，供应链管理系统、信息集成系统、工业自动控制系统的设计、生产、销售、安装调试、维护、技术咨询和培训服务。李雪是该公司的实习生，目前在销售部轮岗，今天部门接到下个月参加广州物流装备和技术展览会的通知，主管让李雪随团队一起参加。因此，她必须全面了解参展设备的相关信息，做好准备。接下来我们就和李雪一起来学习仓储系统设备的相关知识吧！

○ 任务分析

一、托盘

（一）托盘的概念和特点

1. 托盘的概念

为了使物品能有效地装卸、运输、保管，将其按一定数量组合放置于一特定形状的台面上，这种台面有供叉车从下部叉入并将台板托起的叉入口，以这种结构为基本结构的台板和这种基本结构基础上所形成的各种形式的集装器具，都可统称为托盘。

2. 托盘的特点

托盘的优点：

（1）自重小，方便装卸。运输托盘本身所消耗的劳动较小，与集装箱相比，无效运输、装卸更少。

（2）返空容易，返空时占用运力很少。由于托盘造价不高，又很容易互相代用，互以对方托盘抵补，因此无须像集装箱那样必有固定归属者，返空比较容易。

（3）装盘容易。托盘无须像集装箱那样深入箱体内部，装盘后可采用捆扎、紧包等技术处理，使用更简便。

（4）装载量虽较集装箱小，但也能集中一定的数量，比一般包装的组合量大得多。

托盘的缺点：保护性相对较差，露天存放困难，需要有仓库等配套设施。

（二）托盘的分类

根据结构的不同，托盘可以分为以下几种：平托盘（见图 2-1）、柱式托盘（见图 2-2）、箱式托盘（见图 2-3）、轮式托盘（见图 2-4）。

图 2-1 平托盘

图 2-2 柱式托盘

图 2-3 箱式托盘

图 2-4 轮式托盘

以上托盘都带有一定的通用性，为了方便装运、提高装载效率，各国都研制出了多种多样的专用托盘，其中比较典型的有以下六种：

（1）航空托盘。这类托盘用于航空货运或行李托运，一般采用铝合金制造。为适应各种飞机货舱及舱门的限制，航空托盘一般制成平托盘。

（2）平板玻璃集装托盘。它又称平板玻璃集装架，能支撑和固定立放的平板玻璃，在装运时，平板玻璃顺着运输方向放置，以保持托盘货载的稳定性。

（3）油桶专用托盘。它是专门装运标准油桶的异型平托盘，油桶专用托盘为双面型，两个面皆有稳固油桶的波形表面或侧挡板。

（4）货架式托盘。这种架式托盘也是托盘货架的一种，是货架与托盘的组合。

（5）长尺寸物托盘。它是专门用于装放长尺寸材料的托盘。这种托盘叠高码放后便成为组装式长尺寸货架。

（6）轮胎专用托盘。轮胎本身有一定的耐水、耐蚀性，因而在物流过程中无须密闭，但是在储运过程中容易被挤压。轮胎专用托盘可以防止轮胎被挤压，可用于轮胎的储存和运输。

（三）托盘标准

目前，全世界主要的工业国家都有自己的标准托盘，但所用尺寸各国不同。每个国家都希望自己国内已普遍使用的规格成为国际标准，以便在国际经济交流中享受更多便利。国际标准化组织（ISO）无法统一，只能接受既成事实，做到相对统一。

现行的国际托盘标准主要有 6 种（单位为 mm）：1 200×800、1 200×1 000、1 219×1 016、1 140×1 140、1 100×1 100、1 067×1 067。

虽然国际上推出了所谓的 ISO 托盘标准，但是不同地区还是存在不同的地区标准。例如：欧洲为 1 200mm×800mm，英国为 1 200mm×1 000mm，美国和加拿大为 1 219mm×1 016mm，日本和韩国为 1 100mm×1 100mm。

我国国家标准化管理委员会于 2007 年 10 月 11 日发布了 GB/T 2934-2007《联运通用平托盘主要尺寸及公差》，并于 2008 年 3 月 1 日正式实施，确定了以 1 200mm×1 000mm 和 1 100mm×1 100mm 两种托盘规格作为国家标准，且特别注明 1 200mm×1 000mm 为优先推荐规格。

（四）托盘的选择与使用

1. 托盘的选择

在选择托盘的过程中，应综合考虑下列因素：

（1）货物属性及要求。

（2）托盘的使用条件。

（3）托盘的使用环境。

（4）托盘的通用性。

2. 托盘货物的装盘码垛方式

在托盘上放置同一形状的立体包装货物时，可采取各种交错咬合的方法码垛，以提高货垛的稳定性。常用的码垛方式有：重叠式、层间纵横交错式、正反交错式、旋转交错式等。

3. 托盘货物的紧固

托盘货物常用的紧固方法有捆扎、黏合、加框架紧固、网罩紧固、专用金属卡具固定、中间夹摩擦材料紧固、收缩薄膜紧固、拉伸薄膜紧固、平托盘周边垫高稳固等。

4. 托盘的破损原因

托盘的破损原因一般有以下两种：

（1）叉车驾驶员野蛮操作，货叉损伤盘面或桁架。

（2）人工装卸空托盘时跌落而造成损坏。

二、货架

货架（goods shelf）泛指存放货物的架子。在仓库设备中，货架是指专门用于存放成件物品的保管设备，是仓库中最重要的存储设备。

（一）货架的作用及功能

（1）货架是一种架式结构物，可充分利用仓库空间，提高库容利用率，扩大仓库储存能力。

（2）存入货架中的货物互不挤压，物资损耗小，可保证物资本身的功能完整，减少货物的损失。

（3）货架中的货物存取方便，便于清点及计量，可做到先进先出，能预定储放物品的位置，方便管理。

（4）货物存入货架后，可以采取防潮、防尘、防盗、防破坏等措施，以提高物资存储质量。

（5）很多新型货架的结构及功能有利于实现仓库的机械化及自动化管理。

（二）货架的分类

货架的种类多种多样，根据不同的划分方式，可以分成不同的类型。

（1）按照发展形态的不同，货架可分为传统式货架和新型货架。

传统式货架包括：层架、层格式货架（见图 2-5）、抽屉式货架（见图 2-6）、悬臂式货架（见图 2-7）、橱柜式货架、U 形架、栅架、鞍架、气罐钢筒架、轮胎专用货架等。

图 2-5　层格式货架

图 2-6　抽屉式货架

图 2-7　悬臂式货架

　　新型货架包括：旋转式货架（见图2-8）、移动式货架（见图2-9）、装配式货架、调节式货架、托盘货架、驶入式货架（见图2-10）、高层货架、阁楼式货架（见图2-11）、重力式货架（见图2-12）、屏挂式货架等。

图 2-8　旋转式货架

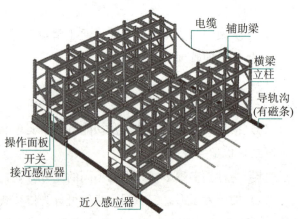

图 2-9　移动式货架

图 2 - 10 驶入式货架

图 2 - 11 阁楼式货架

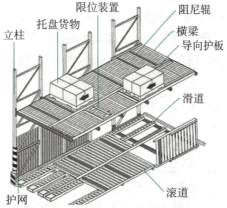

图 2 - 12 重力式货架

（2）按照适用性的不同，货架可分为：通用货架、专用货架。

（3）按照制造材料的不同，货架可分为：钢货架、钢筋混凝土货架、木质货架和钢木合制货架。

（4）按照封闭性程度的不同，货架可分为：敞开式货架、半封闭式货架和封闭式货架。

（5）按照外形结构的不同，货架可分为：层架、层格架、橱架、抽屉架、悬臂架、三脚架和栅架等。

（6）按照可移动性的不同，货架可分为：固定式货架、移动式货架、旋转式货架、组合货架、可调式货架和流动储存货架。

（7）按照高度的不同，货架可分为：低层货架（高度在 5m 以下）、中层货架（高度在 5～15m）、高层货架（高度在 15m 以上）。

（8）按照载重量的不同，货架可分为：轻型货架（每层载重量在 150kg 以下）、中型货架（每层载重量在 150～500kg）、重型货架（每层载重量在 500kg 以上）。

（9）按照结构的不同，货架可分为：整体结构式货架、分体结构式货架。

（10）按照载货方式的不同，货架可分为：悬臂式货架、橱柜式货架、棚板式货架。

（11）按照组合方式的不同，货架可分为：组合可拆卸式货架、固定式货架。其中，固定式货架又分为单元式货架、一般式货架、流动式货架、贯通式货架。

组合可拆卸式货架的特点是轻便、灵活、适用范围广；固定式货架的特点是牢固、承载大、刚性好。

组合可拆卸式货架多用于平面仓库和分离式自动仓库；固定式货架多用于库架合一式自动仓库。

三、输送机

（一）输送机的特点

输送机是指以连续或间歇的方式沿着一定的线路从装货点到卸货点均匀输送散料货物和成件包装货物的机械装置。输送机具有以下特点：

（1）输送能力强，生产效率高。

（2）结构简单，经济便捷。

（3）通用性较差。

（4）无法自动取料。

（二）输送机的分类

（1）按照安装方式的不同，输送机可分为固定式输送机和移动式输送机两大类。

（2）按照结构特点的不同，输送机可分为具有挠性牵引构件的输送机和无挠性牵引构件的输送机。

（三）常见的输送机

1. 带式输送机

带式输送机（见图 2-13）是一种连续而具有挠性的输送带不停地运转来实现物料输送的设备。输送带既是承载货物的构件，又是传递牵引力的牵引构件，输送机依靠输送带与滚筒之间的摩擦力平稳地进行驱动。

图 2-13 带式输送机

（1）组成和特点。

典型的带式输送机主要由输送带、支承托辊、驱动装置、制动装置、装载装置、卸载装置、清扫装置组成。

带式输送机具有外形美观、物料兼容性强、输送平稳噪声小等特点。

（2）布置方式。

带式输送机的基本布置方式有水平输送方式、倾斜输送方式以及水平倾斜混合输送方式等。

（3）常用的带式输送机。

a. 钢绳芯胶带输送机。

b. 大倾角带式输送机。

c. 中间带驱动的带式输送机。

2. 辊道输送机

辊道输送机（见图 2-14）是一系列以一定间距排列的辊子组成的用于输送成件物品或托盘货物的输送设备。

图 2-14　辊道输送机

为保证货物在辊子上移动时的稳定性，支承面至少应该接触四、五个辊子，即辊子的间距应小于货物支承面长度的 1/4。

3. 链式输送机

链式输送机有多种类型。使用最广、最简单的链式输送机如图 2-15 所示，它由两根或多根套筒辊子、链条组成，链条由驱动链轮牵引，链条下面有导轨，支承着链条的套筒辊子。货物直接压在链条上，随着链条的运动而向前移动。

4. 螺旋输送机

螺旋输送机（见图 2-16）俗称绞龙，是指利用带有螺旋叶片的螺旋轴的旋转，使

图 2 - 15　链式输送机

物料产生沿螺旋面的相对运动，物料受到料槽或输送管臂的摩擦力作用不与螺旋一起旋转，从而将物料轴向推进，实现物料输送的设备。

图 2 - 16　螺旋输送机

○任务实施

【作业的相关步骤】　典型仓储系统设备调查实施步骤

步骤 1：查找资料，可通过物流设备网、阿里巴巴等平台及其他网络资源获取信息。

步骤 2：记录典型仓储系统设备的产品名称、生产厂家、结构功能、主要参数等信息，并讨论典型仓储系统设备的特点与使用场景。

步骤 3：选择其中 3～5 种不同类型的设备，制作 PPT 进行展示和讲解。

■ 实训练习

1. 什么是仓储系统设备？仓储系统一般需要哪些设备？

2. 简要说明平托盘、柱式托盘、箱式托盘、轮式托盘的结构特点和应用场景。

3. 货架的作用及功能有哪些？结合实际说说生活中常见的货架类型。

4. 什么是输送机？它有什么特点？请列举 2～3 种物流配送中心常用的输送机类型。

任务二　装卸搬运设备

○ 任务引入

　　在上一个任务中，我们学习了三种典型仓储系统设备——托盘、货架、输送机的相关知识。本任务将继续学习装卸搬运设备的概念和分类，以及装卸搬运设备的结构特征、性能参数和选用原则等内容。完成本任务后，学生能够掌握主要的装卸搬运设备的基本特点和适用范围，并具备根据不同作业情景选择合适的装卸搬运设备的能力。

○ 任务分析

一、装卸搬运设备概述

装卸搬运设备是指用来搬移、升降、装卸和短距离输送货物或物料的机械。

（一）装卸搬运设备的工作特点

（1）适应性强。

（2）设备能力强。

（3）机动性差。

（4）安全性要求高。

（5）工作忙闲不均。

（二）装卸搬运设备的作用

（1）提高装卸搬运效率。

（2）缩短作业时间。

（3）提高装卸质量。

（4）降低装卸搬运作业成本。

（5）充分利用货位，加速货位的周转，减少货物堆码的场地面积。

（三）装卸与搬运设备的分类

装卸搬运设备的种类很多，分类方法也很多，具体如下：

（1）按用途或结构特征可分为：起重设备、输送设备、装卸搬运设备。

（2）按作业性质可分为：装卸设备、搬运设备、装卸搬运设备。

（3）按装卸搬运货物的种类可分为：集装箱货物装卸搬运设备、成件包裹货物装卸搬运设备、散装货物装卸搬运设备、长大笨重货物装卸搬运设备。

二、叉车

叉车又称铲车或叉式取货机。它是以货叉作为主要取货装置，依靠液压起升机构升降货物，由轮胎式行驶系统实现货物的水平搬运，具有装卸、搬运双重功能的机械设备。

（一）叉车的特点

（1）机械化程度高。

（2）机动灵活性好。

（3）适用于多种作业场合。

（4）能提高仓库容积的利用率。

（5）有利于开展托盘成组运输和集装箱运输。

（6）与大型起重机械相比，它成本低、投资少，经济效果较好。

（二）叉车的分类

（1）按动力装置的不同，叉车可分为内燃叉车和电瓶叉车。

（2）按结构和用途的不同，叉车可分为正叉式（平衡重式、前移式、插腿式）、侧叉式、跨车以及特种叉车等。其中，特种叉车又包括可多方向作业的叉车、伸缩臂式叉车、自由起升叉车、拣选式叉车和集装箱叉车等。

1）平衡重式叉车。应用最广泛，占叉车总数的 80% 以上。

2）前移式叉车。分门架前移式和货叉前移式两种。

3）插腿式叉车。其特点是叉车前方带有两条小轮子的支腿，货叉位于支腿之间。

4）侧叉式叉车。主要用于搬运长大件货物。

5）跨车。车体跨在货物的上方，利用专用的工作装置装卸、堆垛和短距离搬运物料。

6）可多方向作业的叉车。特点是门架或叉架可以绕垂直轴线旋转。

7）伸缩臂式叉车。货叉安装在一个可以伸缩的长臂的前端，可跨越障碍进行货物的堆垛作业。

8）自由起升叉车。适用于低矮的场所，如在船舱、车厢内进行装卸或堆垛作业。

9）拣选式叉车。可分为低货位拣选式叉车和高货位拣选式叉车。

10）集装箱叉车。属于大型平衡式叉车，是集装箱码头和货场常用的机械设备，主要用在集装箱吞吐量不大的综合性码头和货场。

（三）叉车的主要组成部分

叉车主要由动力装置、工作装置和运行部分组成。

（1）叉车的动力装置。

叉车有燃油机驱动和电池驱动两种。燃油机驱动叉车动力强劲持久，适用于大件重物的装卸搬运，但是尾气会污染环境。电池驱动叉车简洁、方便，适合有环保要求的工作环境，但是不宜重载搬运。

（2）叉车的工作装置。

工作装置是为完成作业要求而专门设置的机构。如叉车的起升装置、门架、货叉等。货叉的起升和门架的倾斜通常由电动机驱动的液压系统完成。

（3）叉车的运行部分。

1）传动系统。

2）转向系统。

3）制动系统。

（四）叉车的主要技术参数

叉车的技术参数主要说明叉车的结构特征和工作性能，主要有起重量（Q）、载荷中心距（C）、起升高度（H）、起升速度和运行速度、门架倾角、转弯半径（R）及离地间隙（X）等。

按照国家规定，叉车的型号标注由五项组成：组型代号、主参数、动力形式（用燃料代号表示）、传动方式和改进代号，具体如图 2—17 所示。

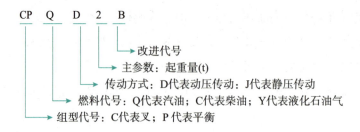

图 2 - 17　叉车的型号标注

（五）叉车的主要性能

叉车的主要性能包括：装卸性、牵引性、制动性、机动性、通过性、操纵性、稳定性、经济性。

（六）叉车的选用原则

（1）叉车应满足使用性能要求。

（2）应选择使用费用低、经济效益高的叉车。

（七）叉车维护保养的分级

通常叉车的维护保养措施分为以下三级：

（1）日常维护。

（2）一级技术保养。

（3）二级技术保养。

三、起重机

起重机是一种以间歇作业方式对货物进行上下升降和水平移动的搬运机械。起重机的作用通常带有重复循环的性质。

（一）起重机的总体架构

起重机一般由工作机构、机架结构、动力装置和控制系统四个部分组成。

1. 工作机构

起重机的工作机构包括：

（1）起升机构。

（2）变幅机构。

（3）回转机构。

2. 机架结构

机架结构是起重机的主要组成部分，如桥式类型起重机的桥架、支腿，臂架类型起重机的吊臂、回转平台、人字架、底架（车架大梁、门架、支腿横梁等）和塔身等。

3. 动力装置

动力装置很大程度上决定了起重机的性能和构造特点，不同类型的起重机配备不同的动力装置。

4. 控制系统

起重机的控制系统包括操纵装置和安全装置。

（二）起重机的主要性能参数

起重机的主要性能参数是选择、配置起重设备的参考依据，包括起重量、工作幅度、起重力矩、起升高度和工作速度等。

1. 起重量

起重量是指起重机能吊起重物的重量，其中包括吊索和铁扁担或容器的质量。它是衡量起重机工作能力的一个重要参数。

在实际应用中，通常所称起重量为额定起重量，用"Q"表示，单位为"t"。

2. 工作幅度

工作幅度是指在额定起重量下起重机回转中心轴线到吊钩中心线的水平距离，通常称为回转半径或工作半径，用"R"表示，单位为"m"。

3. 起重力矩

起重力矩是指起重机的起重量与相应幅度的乘积，用"M"表示，$M=QR$。

起重力矩的单位为 t·m 或 KN·m。

4. 起升高度

起升高度是指自地面到吊钩口中心的距离，用"H"表示，单位为"m"。

5. 工作速度

起重机的工作速度包括起升、变幅、回转和行走等速度。

（1）起升速度。

起升速度是指起重吊钩上升或下降的速度，单位为"m/min"。

（2）变幅速度。

变幅速度是指吊钩从最大幅度到最小幅度的平均线速度，单位为"m/min"。

（3）回转速度。

回转速度是指起重机在空载情况下，其回转台每分钟的转数，单位为"r/min"。

（4）行走速度。

行走速度是指起重机在空载情况下行走时的最大速度，单位为"m/min"。

（三）常用的起重机

1. 轻小型起重机

轻小型起重机包括千斤顶、手动葫芦、电动葫芦、气动葫芦、液动葫芦和卷扬机等。其特点是结构紧凑、自重轻、操作方便。下面对千斤顶、手动葫芦和电动葫芦进行简要介绍。

（1）千斤顶。

千斤顶（见图 2 - 18）又称举重器，是利用高压油或机械传动使刚性承重件在小行程内顶举或提升重物的起重工具。

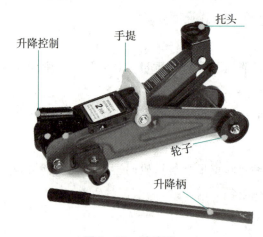

图 2 - 18　千斤顶

（2）手动葫芦。

手动葫芦是一种万能型手动牵引起重机械，能在多种工程中担任起重、牵引、卷扬作业。

（3）电动葫芦。

电动葫芦（见图 2 - 19）是在工字钢下翼缘运行的起重机械。电动葫芦的起升机构一般由带制动器的锥形异步电机驱动。

2. 桥式类起重机

桥式类起重机指由具有能运行的桥架结构和设置在桥架上的能运行的起升机构组成的起重机械。桥式类起重机可在长方形场地及其上空作业，多用于车间、仓库、露天堆场等处的物品装卸。常用的桥式类起重机包括梁式起重机、通用桥式起重机、

图 2 - 19　电动葫芦

门式起重机等。

（1）梁式起重机。

梁式起重机（见图2-20）主要包括单梁桥式起重机和双梁桥式起重机。

图 2-20　梁式起重机

（2）通用桥式起重机。

通用桥式起重机（见图2-21）是横架于车间、仓库及露天货场的上方，用来吊运各种货物的机械设备，通常称为"桥吊""天车""行车"。

通用桥式起重机一般由起重小车、桥架运行机构、桥架金属结构组成。

图 2-21　通用桥式起重机

（3）门式起重机。

门式起重机（见图2-22）又称龙门起重机或龙门吊，它是水平桥架设置在两条支腿上构成门架形状的一种桥架型起重机，其起重小车在主梁的轨道上行走，而整机则沿着地面轨道行走。

门式起重机的起升机构、小车运行机构和桥架结构与桥式起重机基本相同。

图 2-22　门式起重机

3. 臂架类起重机

臂架类起重机由行走、起升、变幅、旋转机构组成，通过臂架的俯仰、绕垂直轴线回转配合升降运行，可在一个圆柱形空间里起重和搬运。

常见的臂架类起重机有以下几种：

（1）门座式起重机。

门座式起重机（见图 2-23）又称门机，是装在沿地面轨道行走的门型底座上的全回转臂架起重机。港口和货场使用的门座式起重机一般分为通用型和专用型两种。

图 2-23　门座式起重机

（2）集装箱正面吊。

集装箱正面吊（见图 2-24）是专门为 20ft 和 40ft 国际集装箱装卸作业而设计的，由工程机械底盘、伸缩臂架、集装箱吊具等三部分组成，主要用于集装箱的堆叠和码头、工厂内的水平运输。

图 2-24　集装箱正面吊

（3）汽车起重机。

汽车起重机（见图 2-25）是安装在标准的或专用的载货汽车底盘上的全旋转动臂式起重机。它的车轮采用弹性悬架，行驶性能接近汽车，可在公路上行驶。

图 2-25　汽车起重机

（4）轮胎起重机。

轮胎起重机（见图 2-26）是安装在具有专用充气轮胎底盘车辆上的全旋转臂架起重机。

图 2-26　轮胎起重机

（5）履带起重机。

履带起重机（见图 2-27）是安装在履带运行底盘车辆上的臂架式旋转起重机，大多数配有单斗万能挖掘机，能进行正铲、反铲、拉铲、抓斗等作业。

图 2-27　履带起重机

（6）浮式起重机。

浮式起重机（见图 2-28）是指以专用浮船作为支承和运行装置，浮在水上作业，可沿水道自航或拖航的水上臂架型起重机。

图 2-28　浮式起重机

三、堆垛机

堆垛机是自动化立体仓库中最重要的运输及装卸存取设备。

（一）桥式堆垛机

桥式堆垛机主要由桥架、小车、回转平台、立柱固定段、立柱伸缩段、货叉、司机室等组成。

桥式堆垛机桥架笨重，运行速度受到很大的限制，适用于出入库频率不高的作业或存放长形原材料、笨重货物的仓库。

（二）巷道式堆垛机

巷道式堆垛机（见图 2 - 29）是自动化立体仓库的关键设备。其主要用途是在高层货架的巷道内来回穿梭运行，将位于巷道口的货物存入货格，或者取出货格内的货物运送到巷道口。

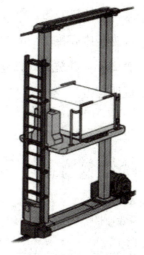

图 2 - 29　巷道式堆垛机

巷道式堆垛机可按以下标准进行分类：

（1）按结构形式分：单立柱式、双立柱式。

（2）按支撑方式分：地面支撑型、悬挂型、货架支撑型。

（3）按作业单元分：单元型、拣选型。

（4）按布置形式分：直道式、转弯型、转轨型。

○ 任务实施

【作业的相关步骤】　典型装卸搬运设备调查实施步骤

步骤 1：查找资料，可通过物流设备网、阿里巴巴等平台及其他网络资源获取信息。

步骤 2：记录典型装卸搬运设备的产品名称、生产厂家、结构功能、主要参数等信息，并讨论装卸搬运设备的特点与使用场景。

步骤 3：选择其中 3～5 种不同类型的设备，制作 PPT 进行展示和讲解。

■ 实训练习

1. 叉车是如何分类的？其主要由哪些部分组成？

2. 起重机是如何分类的？其主要由哪些部分组成？

3. 常用的堆垛机有哪几种？你如何理解巷道式堆垛机是自动化立体仓库中最重要的运输及装卸存取设备？

4. 鸿祥商贸有限公司有一间空置的单层厂房，现计划将其改造成一间仓库出租给某知名饮料公司，作为该公司的零售配送仓库。经过前期的土建改造，该厂房被改造成为整体高度为 9m 的单层仓库，库内净高 7.5m，库房总建筑面积 8 000m²。根据表 2-1，请先分析该仓库涉及的装卸搬运作业流程，为其选配合适的装卸搬运设备并说明理由。

表 2-1 仓库作业情况说明表

货物包装情况	存储货物为该公司的各品种饮料，主要以箱为单位，包装材料主要为瓦楞纸、塑料薄膜等，单件包装箱形状为矩形
作业量情况	饮料为快速消费品，需求量较大，特别是在夏季需求量大增，因此将会有大量货物运送到本库；而本仓库又是零售配送型仓库，需要负责本地区几十家终端零售商店的各类饮料的配送工作
运动形式	本仓库采用的货架为多层货架，因此货物运动为水平、垂直运动
运送距离	运送均在本库内完成

任务三 集装箱及其设备

○ 任务引入

集装箱技术的应用始于 1956 年，此后，港口装卸货时间大幅缩短，码头工人原来需要用三天时间装卸的货物，使用集装箱后，通常只需要 3～4 个小时就能装卸完成。集装箱的应用使得货物滞留港口的时间也大幅缩短，并且使轮船的装载量显著提升，海运成本因此得以大幅下降。所以有人说"没有集装箱，就没有全球化"。随着我国出口型经济的快速发展，上海港、深圳港、宁波-舟山港等集装箱港口业已成为世界级大港。

通过上一个任务，我们了解了叉车、起重机、堆垛机的相关知识，它们都是物流园区、配送中心和许多生产企业中常用的装卸搬运机械设备。本任务将学习集装箱及其专用设备的种类和特征、不同集装箱的尺寸、重量参数和相关标识、集装箱码头、堆场的作业流程等内容。完成本任务后，学生能够掌握各种集装箱的功能、用途、尺寸标准，熟悉集装箱码头和堆场的作业流程。

任务分析

一、集装箱

(一) 集装箱的定义和特征

集装箱 (container) 是指具有一定强度、刚度和规格,专供周转使用的大型装货容器。集装箱能够让一个载重几十吨的庞然大物实现标准化,并且以此为基础逐步实现全球范围内的船舶、港口、航线、公路、中转站、桥梁、隧道、多式联运相配套的物流系统。

集装箱具备以下特征:

(1) 具有足够的强度,能长期反复使用。

(2) 以箱为单位进行运输,适宜于一种或多种运输方式运送。

(3) 具有快速搬运和装卸的装置,便于在物流过程中以集装箱为单位进行运输方式的转换。

(4) 对内装货物有较强的防护、保护功能。

(5) 设计时注意到便于货物装满和卸空。

(6) 箱内净空在 $1m^3$ 以上。

(二) 集装箱的结构

从结构来看,集装箱是由刚性的箱顶、侧壁、端壁和箱底组成的六面体,至少在一面端壁上有门,以使在运输中装运尽可能多的货种。集装箱的结构如图 2-30 所示。

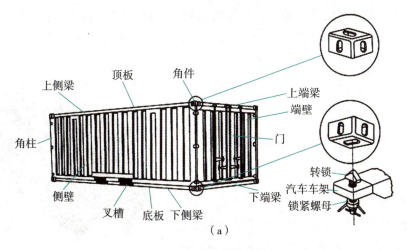

(a)

图 2-30 集装箱的结构

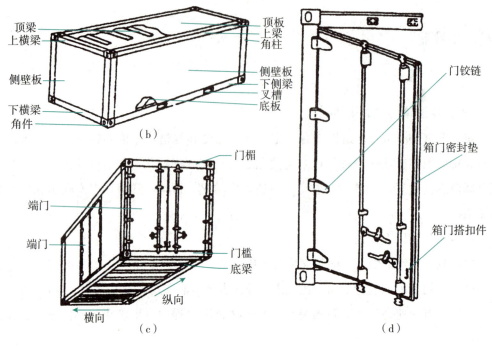

图 2-30　集装箱的结构（续）

（三）集装箱的分类及适用场合

1. 根据集装箱的用途分类

（1）杂货集装箱。

杂货集装箱是一种通用集装箱，适用于装载除流体货物和需要调节温度的货物之外的一般干杂货，箱体一般有密封防水装置。它使用范围极广，占 80% 左右；通常为封闭式，在一端或侧面设有箱门；通常用来装运文化用品、化工用品、电子机械、工艺品、医药、日用品等，不受温度变化影响的各类固体散货、颗粒状或粉末状的货物都可以用这种集装箱装运。

（2）散货集装箱。

散货集装箱（见图 2-31）适用于装载豆类、谷物、硼砂、树脂等各种散堆颗粒状、粉末状物料，可节约包装且提高装卸效率。

（3）冷藏集装箱。

冷藏集装箱（见图 2-32）是专门运输途中要求保持一定温度的冷冻货或低温货，如鱼、肉、新鲜水果、蔬菜等食品的集装箱。

图 2-31　散货集装箱

图 2-32　冷藏集装箱

（4）开顶集装箱。

开顶集装箱（见图 2-33）是一种顶部开启的集装箱，适用于装载大型货物、重型货物，如钢材、木材以及玻璃等易碎的货物。

图 2-33　开顶集装箱

（5）框架集装箱。

框架集装箱（见图 2-34）没有侧壁，箱端也可拆卸，货物可从箱子侧面进行装卸，适用于装载粗大、笨重物件，如钢材、重型机械等。

图 2-34　框架集装箱

（6）罐装集装箱。

罐装集装箱（见图 2-35）适用于装运饮料、酒品、药品、化工品等流体货物。

图 2-35　罐装集装箱

2. 根据集装箱的材质分类

（1）钢制集装箱。

优点：强度大、结构牢、焊接性和水密性好、价格低廉。

缺点：重量大、易腐蚀生锈、使用期限较短。

（2）铝制集装箱。

优点：重量轻、不生锈、外表美观、弹性好、加工方便、成本低。

缺点：如遇海水易腐蚀。

（3）玻璃钢制集装箱。

优点：强度大、刚性好；隔热性、防腐性、耐化学性、防水性较好，维护成本低。

缺点：重量较大，与一般钢集装箱相差无几，但造价较高。

（4）不锈钢制集装箱。

优点：强度大，不生锈，外表美观；在整个使用期内无须进行维修保养，故使用率高，耐蚀性能好。

缺点：价格高，初始投资大；材料少，大量制造有困难。

（四）集装箱标准

目前的集装箱标准按适用范围可分为国际标准、国家标准、地区标准和公司标准四种。

1. 国际标准集装箱

国际标准集装箱是指根据国际标准化组织（ISO）第 104 技术委员会制定的国际标准类建造和使用的国际通用的标准集装箱。现行的国际标准共有 13 种规格，其宽度均为 2 438mm；长度分为 12 192mm、9 125mm、6 058mm 和 2 991mm 四种，高度分为 2 896mm、2 591mm、2 438mm 和小于 2 438mm 四种。

2. 国家标准集装箱

国家标准集装箱是指各国政府参照国际标准，根据本国的具体情况，制定本国集装箱标准，并以该标准生产的集装箱。

3. 地区标准集装箱

地区标准集装箱是指由地区组织根据该地区的特殊情况制定集装箱标准，并根据此标准建造的集装箱。这类集装箱仅适用于该地区。

4. 公司标准集装箱

公司标准集装箱是指某些大型集装箱船舶公司根据本公司的具体情况和条件而制定集装箱标准，并根据此标准建造的集装箱。这类集装箱主要在该公司运输范围内使用，如美国海陆公司的 35ft（10 668mm）集装箱。

（五）集装箱使用管理

1. 集装箱的选择

选用集装箱时，应根据货物的不同种类、性质、形状、包装、体积、重量，以及运输要求采用合适的箱子。

2. 集装箱的检查

集装箱检查是货物安全运输的基本条件之一。发货人、承运人、收货人，以及其他关系人在相互交接时，均需要对集装箱进行检查。

（1）外部检查。

外部检查是指对集装箱进行六面察看，检查外部是否有损伤、变形、破口等异常情况。

（2）内部检查。

内部检查是指对集装箱的内侧进行六面察看，检查是否漏水、漏光，有无污点、水迹等。

（3）箱门检查。

箱门检查是指检查集装箱门是否完好、门的四周是否水密、门锁是否完整、箱门可否270°开启。

（4）清洁检查。

清洁检查是指箱子内有无残留物、污染、锈蚀、异味、水湿等。如不符合要求，应予以清扫，甚至更换。

（5）附属件检查。

附属件检查是指对货物的加固状态进行检查，如板架式集装箱支柱的状态，平板集装箱、敞顶集装箱上部延伸用加强结构状态等进行检查。

3. 集装箱的装箱

集装箱的装箱是指将货物装进集装箱内的作业。装箱的质量直接关系到航行中船舶安全和箱内货物安全，因此，装箱是集装箱管理中涉及配积载技术等专业技术含量最多的部分。

货物装箱的一般方法随着集装箱运输的不断发展，不同种类、不同性质、不同包装的货物都有可能装入集装箱内进行运输。

4. 集装箱的管理

集装箱管理是集装箱运输系统中极其重要的环节，也是一项十分重要的工作。其内容包括集装箱的备箱、租赁、调运、保管、交接、发放、检验及修理等工作。

二、集装箱牵引车和挂车

（一）集装箱牵引车

集装箱牵引车是指专门用于拖带集装箱挂车或半挂车（两者组合成车组），长距离运输集装箱的专用机械，主要用于港口码头、铁路货场和集装箱堆场间的运输。

集装箱牵引车具有与普通牵引车相似的牵引、行驶和制动装置，按驾驶室形状不同分为以下两种：

（1）长头式：发动机在司机座前方，司机舒适感好，碰撞时较安全，检修方便，但车身长度及转弯半径大，如图 2-36（a）所示。

（2）平头式：发动机在司机座下面，司机舒适感差，但视线好，轴距及车身长度小，转弯半径小，使用日益广泛，如图 2-36（b）所示。

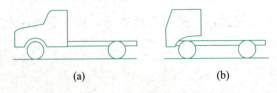

(a)   (b)

图 2-36　集装箱牵引车

（二）集装箱挂车

集装箱挂车分半挂车和全挂车两种，以半挂车较常用。

（1）半挂车：货物重量一部分由牵引车承受，车身短，便于倒车和转向，如图 2 - 37（a）所示。

（2）全挂车：通过牵引杆架与牵引车连接，操作难度较大，如图 2 - 37（b）所示。

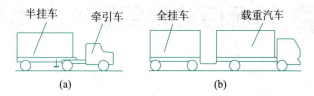

图 2 - 37　集装箱挂车

（三）集装箱牵引车和半挂车的组成

可装两个 20ft 或一个 40ft 集装箱，由车架、支腿、行走装置、制动装置和集装箱锁定装置组成。

○任务实施

【作业的相关步骤】　集装箱及其设备调查实施步骤

步骤 1：查找资料，可通过物流设备网、阿里巴巴等平台及其他网络资源获取信息。

步骤 2：记录集装箱及其设备的产品名称、生产厂家、结构功能、主要参数等信息，并讨论集装箱设备的特点与使用场景。

步骤 3：选择其中 3～5 种不同类型的设备，制作 PPT 进行展示和讲解。

■ 实训练习

1. 集装箱有哪些种类？

2. 简述常用的集装箱规格。

3. 观看视频《青岛全自动化港口》，列举其中出现的物流设备。

项目三

物流自动化信息技术

```
                                      ┌── 任务一  认知物流信息技术
项目三  物流自动化信息技术 ──────┼── 任务二  常用数据采集技术
                                      └── 任务三  数据传输与定位技术
```

知识目标

1. 了解物流信息技术的概念和分类。

2. 熟悉物流信息技术在物流行业中的应用情况。

3. 了解物流信息技术的现状和发展趋势。

技能目标

1. 能够描述物流信息技术的类型和特点。

2. 具备一定的收集和分析数据的能力。

3. 具备撰写调研报告的能力。

素质目标

1. 培养学生的学习能力。

2. 培养学生解决问题的能力。

3. 培养学生正确的世界观、人生观、价值观。

知识链接

一、物流信息的定义

信息（information）是反映客观世界中各种事物特征和变化的知识，是数据加工的结果。数据经过加工处理形成信息，信息是有用的数据。信息总是可以通过数据形式表示。信息源于数据，高于数据。

2021年，《中华人民共和国国家标准 物流术语》将物流信息定义为：反映物流各种活动内容的知识、资料、图像、数据的总称。

物流信息的定义有狭义与广义之分。狭义的物流信息是指与物流活动有关的信息；广义的物流信息不仅指与物流活动有关的信息，而且包含与其他流通活动有关的信息。

二、物流信息的特点

（1）物流信息量大、分布广。

（2）动态性、实时性强。

（3）种类多、来源广泛。

（4）趋于标准化。

三、物流信息的分类

物流信息可分为以下两类：

一类是信息流先于物流产生，它们控制着物流产生的时间、流动的大小和方向，引发、控制、调整物流——协调信息流或计划信息流。

另一类是信息流与物流同步产生，它们反映物流的状态——作业信息流。

四、物流信息的作用

（1）沟通联系：物流系统是由多部门、多行业及多企业共同结合而成的大的经济系统，系统内部依靠物流信息建立起多维的联系。

（2）管理控制：依靠物流信息及其反馈可以引导供应链结构的变动和物流布局的优化，协调物资结构，协调人、财、物等物流资源的配置。

（3）辅助决策：物流信息是制定决策方案的重要基础和关键依据。

（4）价值增值：信息本身是有价值的，在物流领域，流通信息在实现其使用价值的同时，其自身的价值又呈现增长的趋势。

五、物流信息流程（见图 3-1）

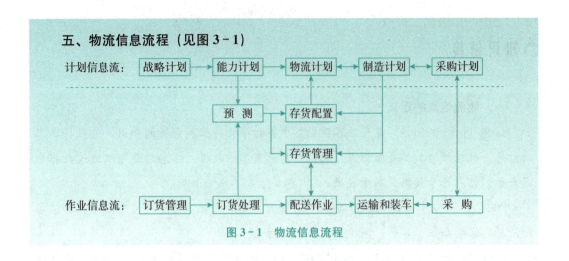

图 3-1　物流信息流程

任务一　认知物流信息技术

○ 任务引入

　　物流装备和技术展览会是物流设备行业的专业展会，也是企业进行产品推广、业界交流、企业宣传的重要平台。华兴智能装备技术有限公司此次参展也是为了能够在展览会上展示公司的产品和服务，通过这一平台接触到更多的高质量客户，第一时间了解客户的需求和建议。参展重点之一就是宣传公司的物流信息技术与相关设备，李雪作为公司在展会现场的工作人员，必须全面了解参展设备的相关信息，能准确描述物流信息技术在行业中的典型应用。能根据客户实际需求选择合适的设备类型及型号，这是从事物流装备相关行业的人才必须具备的基本专业素养。接下来就让我们和李雪一起学习物流信息技术的相关知识吧！

○ 任务分析

一、物流信息技术概述

　　信息技术泛指能拓展人的信息处理能力的技术，是获取、传递、处理、再生和利用信息的技术。它可以替代或辅助人们完成对信息的检测、识别、变换、存储、传递、计算、提取、控制和利用。

数字化、自动化、信息化、智能化、网络化是现代信息技术的显著特点。

物流信息技术是现代信息技术在物流各个作业环节中的综合应用，为现代物流业在更大范围的信息共享与交互提供了基础平台。它是物流现代化的重要标志，是现代物流区别于传统物流的根本标志，也是物流技术中发展最快的领域。

现代物流业中应用的物流信息技术主要有：条码技术、射频识别技术、电子数据交换技术、数据库技术、网络技术、地理信息系统、全球定位系统、物流管理信息系统。

二、物流信息技术应用对物流发展的作用

（1）在供应链管理方面，物流信息技术的发展和应用改变了企业应用供应链管理获得竞争优势的方式。

（2）通过物流信息技术来提高供应链活动的效率，可以增强整个供应链的经营决策能力。

（3）能够促进从数据采集的条形码系统，到办公自动化系统中的微机、互联网、各种终端设备等硬件以及计算机软件的更新和发展。

（4）随着物流信息技术的不断发展，产生了一系列新的物流理念和新的物流经营方式，推进了物流的变革。

三、物流信息技术的层次

物流信息技术作为现代信息技术的重要组成部分，本质上属于信息技术范畴，只是因为信息技术应用于物流领域而使其在表现形式和具体内容上存在一些特性，但其基本要素仍然同现代信息技术一样，可以分为以下4个层次：

（1）物流信息基础技术，即有关元件、器件的制造技术，它是整个信息技术的基础。例如微电子技术、光子技术、光电子技术、分子电子技术等。

（2）物流信息系统技术，即有关物流信息的获取、传输、处理、控制的设备和系统的技术，它是建立在信息基础技术之上的，是整个物流信息技术的核心。其内容主要包括物流信息获取技术、物流信息传输技术、物流信息处理技术及物流信息控制技术。

（3）物流信息应用技术，即基于管理信息系统（MIS）技术、优化技术和计算机集成制造系统（CIMS）技术而设计出的各种物流自动化设备和物流信息管理系统。例如

自动化分拣与传输设备、自动导引车、集装箱自动装卸设备、仓储管理系统（WMS）、运输管理系统（TMS）、配送优化系统、全球定位系统（GPS）、地理信息系统（GIS）等。

（4）物流信息安全技术，即确保物流信息安全的技术，主要包括密码技术、防火墙技术、病毒防治技术、身份鉴别技术、访问控制技术、备份与恢复技术和数据库安全技术等。

四、物流信息技术应用现状

在国内，各种物流信息技术已经广泛应用于物流活动的各个环节，对企业的物流活动产生了深远的影响。

（一）物流自动化设备技术的应用

物流自动化设备技术集成和应用的热门环节是配送中心，其特点是每天需要拣选的物品品种多、批次多、数量大。因此国内超市、医药、邮包等行业的配送中心部分地引进了物流自动化拣选设备。

物流自动化拣选设备主要有两种：一种是拣选设备的自动化应用，如某市医药总公司配送中心，其拣选货架（盘）上配有可视的分拣提示设备，这种分拣货架与物流管理信息系统相连，动态地提示被拣选的物品和数量，指导着工作人员的拣选操作，提高了货物拣选的准确性和速度。另一种是一种物品拣选后的自动分拣设备。用条码或电子标签附在被识别的物体上（一般为组包后的运输单元），由传送带送入分拣口，然后由装有识读设备的分拣机分拣物品，使物品进入各自的组货通道，完成物品的自动分拣。自动分拣设备在国内大型配送中心有所使用。

（二）物流设备跟踪和控制技术的应用

目前，物流设备跟踪主要是指对物流的运输载体及物流活动中涉及的物品所在地进行跟踪。物流设备跟踪的手段有多种，可以用传统的通信手段如电话等进行被动跟踪，可以用射频识别（RFID）手段进行阶段性的跟踪，但目前国内使用最多的还是利用全球定位系统（GPS）技术跟踪。GPS技术跟踪利用GPS物流监控管理系统，主要跟踪货运车辆与货物的运输情况，使货主及车主随时了解车辆与货物的位置与状态，保障整个物流过程的有效监控与快速运转。

（三）物流动态信息采集技术的应用

企业竞争的全球化发展、产品生命周期的缩短和用户交货期的缩短等，都对物流服务的可得性与可控性提出了更高的要求，实时物流理念应运而生。要保证对物流过程的完全掌控，物流动态信息采集应用技术是必需的要素。在目前流行的物流动态信息采集技术应用中，一、二维条码技术应用范围最广，此外还有磁条（卡）、语音识别、便携式数据终端、射频识别等技术。

五、物流信息技术发展趋势

当前我国物流业和物流信息化市场都处于加速发展时期。国内物流市场或物流信息化市场，呈现二元化的结构：以跨国公司和国内少数先进企业为主要客户群的高端市场，以及以国内中小型企业客户为主，通过逐步实现信息化来完善自身物流的中低端市场。在此背景之下，物流信息技术的发展具有以下趋势：

（1）RFID 将成为未来物流领域的关键技术。

（2）物流动态信息采集技术将成为物流发展的突破点。

（3）物流信息安全技术将日益被重视。

〇 任 务 实 施

【作业的相关步骤】　某物流企业物流信息技术的应用现状调研实施步骤

步骤1：指导学生查找资料，可通过网络搜索、访问企业网站、发放调查问卷、查阅相关论文和文献等方式搜集资料。

步骤2：设计并向目标企业发放调查问卷。在完成以上内容的基础上，撰写调查报告，篇幅为 2 000～3 000 字。

步骤3：将调研结果制作成 PPT，并进行展示和讲解。

实训练习

1. 信息和数据有什么区别和联系？
2. 为什么说物流信息技术是现代物流区别于传统物流的根本标志？
3. 请简要说明物流信息技术应用现状。
4. 请联系生活实际，说一说物流信息技术的发展趋势。

任务二 常用数据采集技术

○ 任务引入

在上一个任务中，我们学习了什么是物流信息技术，并且了解了物流信息技术应用的现状和发展趋势。本任务将进一步学习常用的物流数据采集技术——条形码技术、RFID 技术和物联网的相关知识。完成本任务后，学生能够辨识常用数据采集设备，掌握条码技术、RFID 技术在物流中的应用场景，明晰物联网的发展趋势，并掌握企业产品项目条形码的规划设计方法，能够安装和操作常用的条码标签设计软件。

○ 任务分析

一、条形码技术

（一）条形码概述

条形码是由美国的诺曼·伍德兰德（Norman Woodland）在 1949 年首先提出的。条形码可以标出商品的生产国、制造厂家、商品名称、生产日期、图书分类号、邮件起止地点、类别、日期等信息，因而在商品流通、图书管理、邮电管理、银行系统等许多领域都得到了广泛的应用。特别是近年来，随着计算机应用的不断普及，条形码的应用范围日益广泛。

条形码（或称条码）是由宽度不同、反射率不同的条和空，按照一定的编码规则（码制）编制而成，用以表达一组数字或字母符号信息的图形标识符，简单地说，条形码是一组粗细不同，按照一定的规则安排间距的平行线条图形。常见的条形码是由反射率相差很大的黑条（简称条）和白条（简称空）组成的。

条形码的优点是：（1）输入速度快。（2）可靠性高。（3）采集信息量大。（4）灵活实用。

（二）条形码识别系统的组成

为了阅读出条形码所代表的信息，就需要一套条形码识别系统，它由条形码扫描器、放大整形电路、译码接口电路和计算机系统等部分组成，如图3－2所示。

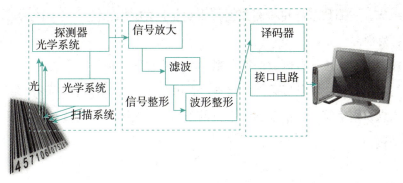

图3－2　条形码识别系统

（三）条形码的识别原理

不同颜色的物体，其反射的可见光的波长不同，白色物体能反射各种波长的可见光，黑色物体则吸收各种波长的可见光，当条形码扫描器光源发出的光照射到黑白相间的条形码上时，就会产生与白条和黑条相应的强弱不同的反射光信号，光电转换器接收到信号后，将其转换成相应的电信号输出到放大整形电路。此外，白条、黑条的宽度不同，相应的电信号持续时间长短也不同，条形码识读器就是利用这个原理来识读条形码数据的。

（四）条形码的结构与分类

1. 条形码的结构

条形码的结构如图3－3所示。

图3－3　条形码的结构

（1）空白区：为保证条形码正常识读而在条形码两端保留的与空同色的区域。

（2）起始字符：位于条形码起始位置，表示条形码开始的一个特殊的条形码字符。

（3）数据字符：位于起始字符和校验字符中间，由左侧数据符、中间分隔符、右侧数据符组成。左侧数据符和右侧数据符表示不同的数字信息，中间分隔符是平分条码字符的特殊符号。

（4）校验字符：位于右侧数据符右侧，表示校验码的条码字符。

（5）终止字符：位于条形码终止位置，表示条形码结束的一个特殊的条形码字符。

（6）供人识别字符：位于条形码字符的下方，与相应的条形码字符相对应的、供人识别的字符。

2. 条形码的分类

条形码可按以下标准进行分类：按维数可分为一维条形码、二维条形码；按码制可分为 UPC 码（UPC-A、UPC -E）、EAN-13 码、EAN-8 码、128 码、39 码和库德巴码等；按使用的目的可分为商品条码（包括 EAN 码和 UPC 码）、存储条码（交叉 25 码）、物流条码（包括 128 码、39 码、库德巴码）等。下面对常用的几种条形码进行简要介绍。

（1）UPC 码、EAN 码。

商业是最早应用条形码技术的领域。1970 年美国超级市场委员会制定了通用商品代码 UPC 码，美国统一编码委员会（UCC）于 1973 年建立了 UPC 条形码系统，并全面实现了该码制的标准化。UPC 条形码成功地应用于商业流通领域中，对条形码的应用和普及起到了极大的推动作用。

UPC 码的成功使用促进了欧洲编码系统（European Article Number，EAN）的产生。到 1981 年，EAN 已发展成为一个国际性的组织，且 EAN 码与 UPC 码兼容。EAN/UPC 码作为一种消费单元代码，被用于在全球范围内唯一标识一种商品。

UPC-A 条码左侧 6 个条形码字符均由 A 子集的条形码字符组成，右侧数据符及校验符均由 C 子集的条形码字符组成，这便是 UPC-A 条形码，UPC-A 条形码左侧第一个数字字符为系统字符，最后一个字符是校验字符，它们分别放在起始符和终止符的外侧；表示系统字符和校验字符的条形码字符的条长和终止符的条长相等。

EAN 码有两种版本：标准版和缩短版。标准版表示 13 位数字，又称 EAN-13 码，缩短版表示 8 位数字，又称 EAN-8 码，如图 3-4 所示。这两种条码的最后一位为校验码，由前面的 12 位或 7 位数字计算得出。两种版本的编码方式可参考国家标准 GB/T 12904-2008《商品条码 零售商品编码与条码表示》。

EAN 码由前缀码、厂商代码、商品项目代码和校验码组成。前缀码是国际 EAN 组织标识各会员组织的代码，我国为 690～699；厂商代码是 EAN 编码组织在 EAN

图 3 - 4　EAN 码和 UPC 码

分配的前缀码的基础上分配给厂商的代码；商品项目代码由厂商自行编码；校验码是为了校验代码的正确性。在编制商品项目代码时，厂商必须遵守商品编码的基本原则：对同一商品项目必须编制相同的商品项目代码，对不同的商品项目必须编制不同的商品项目代码，保证商品项目与其标识代码一一对应，即一个商品项目只有一个代码，一个代码只标识一个商品项目。我国的通用商品条形码与其等效。我们日常购买的商品包装上所印的条形码一般就是 EAN 码。

另外，图书和期刊作为特殊的商品也采用了 EAN13 码表示图书号（ISBN）和期刊号（ISSN）。期刊号以 977 为前缀，图书号以 978 为前缀，我国被分配使用 7 开头的 ISBN 号，因此我国出版社出版的图书上的条码全部为 9787 开头。

（2）128 码。

128 码（见图 3 - 5）于 1981 年推出，是一种长度可变、连续性的字母数字条形码。与其他一维条形码相比，128 码是较为复杂的条形码系统，而其所能运用的字符也相对比其他一维条形码要多，又有不同的编码方式可供交互运用，因此其使用弹性也较大。128 码可表示从 ASCII 0 到 ASCII 127 共 128 个字符，故称 128 码，其中包含了数字、字母和符号字符。由于其优良的特性，128 码在管理信息系统的设计中被广泛使用，如在企业内部管理、生产流程、物流控制系统等方面。

图 3 - 5　128 码

（3）39 码。

39 码（见图 3 - 6）是 Intermec 公司于 1975 年推出的一种条形码，它可表示数字（0～9）、英文字母以及"－""．""／""＋""％""＄""""（空格）"＊"共 44 个符号，其中"＊"仅作为起始符和终止符。

39 码仅有两种单元宽度，分别为宽单元和窄单元。宽单元的宽度为窄单元的 1～3

倍，一般多选用2倍、2.5倍或3倍。39码的每一个条形码字符由9个单元组成，其中有3个宽单元，其余是窄单元，因此称为39码。

图3-6　39码

（4）库德巴码。

库德巴（Code Bar）条形码（见图3-7）出现于1972年，其字符集为数字0～9，"A""B""C""D"四个字母和"$""—"":""/""."""+"六个特殊字符，共包含20个字符，可表示数字和字母信息，是一种非连续性、非定长的条形码符号，主要应用于仓库、血库、物料管理（图书馆）和航空快递包裹等领域。

图3-7　库德巴条形码

（5）二维码。

二维条形码技术是在一维条形码无法满足实际应用需求的前提下产生的。由于受信息容量的限制，一维条形码通常是对物品的标识，而不是对物品的描述，因此非常依赖电脑网络和资料库。在不便连接网络或没有资料库的地方，一维条形码很难派上用场。

国外对二维条形码技术的研究始于20世纪80年代末，在二维条形码符号表示技术研究方面研制出多种码制，常见的有PDF417、QR Code、Code 49、Code 16K、Code One等。我国对二维条形码技术的研究始于1993年，中国物品编码中心对几种常见的二维条形码PDF417、QR Code、Code 49、Code 16K、Code One、Maxi Code、Data Matrix的技术规范进行了翻译和跟踪研究。随着我国市场经济的不断完善和信息技术的迅速发展，国内对二维条形码这一新技术的需求与日俱增。同时我国二维条形码的发展也非常迅速，我们在日常生活中使用的火车票、优惠券等已经广泛使用二维条形码。二维条形码与商品条形码的不同之处在于，一维条形码重在"标识"，二维条形码重在"描述"，也可以说，二维条形码的信息承载量较一维条形码更大。

（五）条形码技术设备

1. 手持激光扫描器

手持激光扫描器（见图3-8）又称激光枪，是一种被广泛应用的远距离条形码阅读设备。

2. 全向激光扫描器

全向激光扫描器（见图3-9）能准确地从任何方向通过扫描器识读区域识读标准尺寸的商品条形码，多用于商业超市的收款台。

图3-8　手持激光扫描器　　　　图3-9　全向激光扫描器

3. 条形码打印机

条形码打印机（见图3-10）是一种专用设备，一般有热敏型和热转印型打印方式，使用专用的标签纸和碳带。

图3-10　条形码打印机

（六）条形码技术在物流中的应用

1. 运输中的应用

条形码技术在运输中的应用主要包括：货物的品名、规格、数量等数据的录入；航空、铁路、水路、公路的旅客自动化售票系统；桥梁、隧道、公路收费站的自动化收费。

2. 仓储中的应用

在仓储管理中应用条形码技术，可以对仓储管理中的入库、出库、盘点等环节进行科学管理，如图3-11所示。

3. 配送中心的应用

配送中心是商家货物集散中心，从卸货、理货、收货到配货、出货、装货、存储

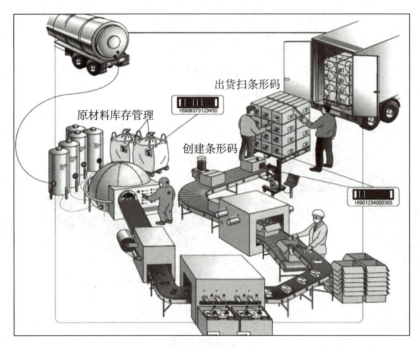

图 3 - 11　条形码技术在仓储管理中的应用

等众多环节，各种作业同步交错进行，是一个典型的实时多进程管理系统。

　　在配送出货时，采用分货、拣选方式，需要快速处理大量的货物，利用条形码技术便可自动进行分货拣选，拣货人员到库中将标签贴于每件商品上并取出用自动分拣机分拣，分拣机始端的扫描器对处于运动状态分货机上的货物扫描，一方面是确认所拣出货物是否正确，另一方面识读条形码上的用户标记，完成分货拣选作业。

　　条形码技术在配送中心的应用如图 3 - 12 所示。

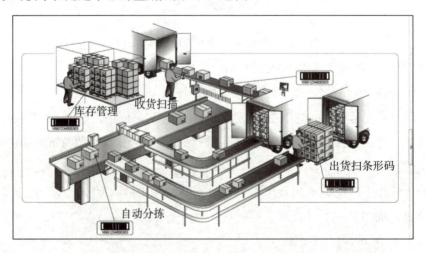

图 3 - 12　条形码技术在配送中心的应用

4. 商场 POS 系统的应用

条形码技术可以帮助控制店面中存货的流动，有效地把前台系统（POS）和后台系统结合起来。

5. 其他领域的应用

条形码技术在医疗卫生、工业制造、现代军事、人口管理、环境保护等领域都得到了越来越广泛的应用。例如，在工业制造中可以应用产品识别码监控生产，采集产生测试数据和生产质量检验数据，进行产品完工检查，建立产品识别码和产品档案，从而有序地安排生产计划，监控生产流程及流向，提高产品下线合格率。

二、射频识别技术

（一）射频识别技术概述

射频识别是无线电频率识别（Radio Frequency Identification，RFID）的简称，又称感应式电子晶片或近接卡、感应卡、非接触卡、电子标签、电子条码等。射频识别技术是一项利用射频信号通过空间耦合（交变磁场或电磁场）实现无接触信息传递并通过所传递的信息达到识别目的的技术。

一般来说，一个完整的射频识别系统，必须同时存在射频识别标签、射频识别阅读器及应用系统三部分，如图 3-13 所示。

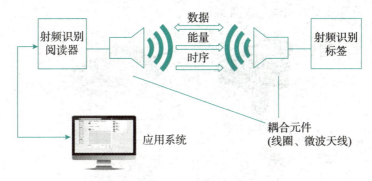

图 3-13　射频识别的基本结构

（二）射频识别的特点

1. 射频识别的优势

（1）非接触读写，无方向性要求，可多目标识别、运输中识别，每秒最多可同时识别 50 个对象。

（2）储存容量大，数据可读、可改写。

（3）易封装，可以嵌入产品内。

（4）芯片序列号唯一，可密钥认证，极难复制。

（5）机械不易出现故障，寿命长，能抵抗恶劣环境。

2. 射频识别的不足

（1）数据读写效果可能受到附件的金属介质的影响。

（2）读写操作存在距离上的限制（一般写距离是读距离的70%）。

（3）设备成本比较高。

（4）标签的用户可用数据存储容量有一定的限制。

（三）射频识别系统的组成

1. 电子标签

电子标签是射频识别系统真正的数据载体，具有智能读写和加密通信的功能，内存有一定格式的电子数据，附着在待识别物品上并以此作为其标识性信息。

2. 天线

天线是标签与阅读器之间的数据发射、接收装置，用于发射和接收信号。射频识别系统至少应含一根天线以发射和接收射频信号。

3. 阅读器

阅读器（见图3-14）又称解读器、识读器，是读取（也可以写入）标签信息的设备，一般由振荡器、ID编码器、变量装载器组成。它通过天线与射频识别电子标签进行无线通信，可以实现对标签识别码和内存数据的读出或写入操作。在实际应用中，阅读器一般可分为移动式和固定式两类。

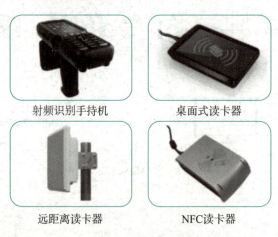

射频识别手持机　　　　桌面式读卡器

远距离读卡器　　　　NFC读卡器

图3-14　阅读器

（四）射频识别的分类与应用范围

1. 按标签的能量来源不同分类

按标签的能量来源不同分为：无源标签、半无源标签以及有源标签。

无源标签（见图3-15）是目前发展最成熟、市场应用最广的电子标签产品。在阅读器的阅读范围之外，标签处于无源状态，在阅读器的阅读范围之内，标签从阅读器发出的射频能量中提取工作所需的电能。采用电感耦合方式的标签多为无源标签。

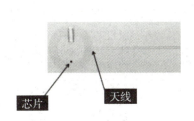

图3-15　无源标签

半无源标签内装有电池，但电池仅起辅助作用，它对维持数据的电路供电或对标签芯片工作所需的电压做辅助支持。标签电路本身耗能很少，平时处于休眠状态。当标签进入阅读器的阅读范围时，被阅读器发出的射频能量唤醒而进入工作状态，它与无源标签一样，用于传输通信的射频能量源自阅读器。

有源标签（见图3-16）是最近几年发展起来的，在远距离自动识别领域有巨大的应用空间和市场潜质。其工作电源完全由内部电池供给，同时内部电池能量也部分地转换为标签与阅读器通信所需的射频能量。

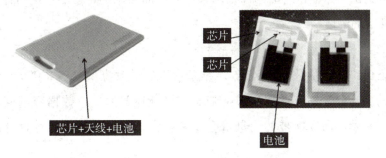

图3-16　有源标签

2. 按工作频率的不同分类

按工作频率的不同，射频识别系统又可分成以下几类，如表3-1所示。

表3-1　射频识别系统按工作频率分类

频率	低频	高频	超高频		微波
	125kHz 134.2kHz	13.56MHz	433MHz	862～928MHz	2.45GHz 5.8GHz
波段	长波	短波	分米波	分米波	分米波、厘米波

续表

频率	低频	高频	超高频		微波
	125kHz 134.2kHz	13.56MHz	433MHz	862～928MHz	2.45GHz 5.8GHz
识别距离	60cm 以内	1.5m 以内	0～200m	0～20m	0～150m
应用领域	门禁系统 动物识别 存货控制	智能卡 图书馆管理 票据管理	人员定位 车辆定位	服装追溯 珠宝、酒类防 伪应用	ETC 收费系统 小区电动车管理
运行方式	无源型	无源型	有源型	无源/有源型	有源型
环境影响	较小	较小	一般	较大	较大
识别速度	1～17kBits/s	106kBits/s， 14443B 支持最 高速 847.5kBits/s	40～640kBits/s	40～640kBits/s	250K～1M

（五）射频识别标签和条形码的区别

在射频识别技术应用前，信息的记录和传输主要靠条形码，采用条形码识别方式的优点是配置灵活、系统成本较低，但是也存在易污染、易破损，操作较为烦琐等缺点。虽然射频识别标签和条形码都是用来存储产品信息的，但是，这两种技术之间还是有以下几方面的区别。

1. 数据的存储容量

一维条形码的容量是 50 字节，二维条形码的最大容量可达 2 000～3 000 字节，射频识别的最大容量则有数兆字节。随着记忆载体的发展，数据容量也有不断扩大的趋势。未来物品所需携带的信息量会越来越大，对存储介质扩充容量的需求也相应增加。

2. 抗污染能力和耐久性

传统条形码的载体是纸张，因此容易受到污染，但射频识别对水、油和化学药品等物质具有很强的抵抗性。此外，因为条形码是附于塑料袋或外包装纸箱上，所以特别容易受到折损；而射频识别卷标是将数据存在芯片中，因此可以免受污损，延长使用寿命。

3. 外在形态

射频识别在读取上并不受尺寸大小与形状的限制，不需要为了读取精确度而去考虑载体的大小或印刷精度。此外，射频识别标签还可向小型化与多样形态发展，以应用于不同的产品。

4. 安全性

由于射频识别系统承载的是电子式信息，其数据内容可经由加密技术保护，因此其内容不易被伪造及变造；而条形码则是外露物理信息，且多采用通用编码规则，数据安全性无法保障。

5. 扫描效率

条形码扫描识别频率受限，一次只能扫描一个条形码；而射频识别读写器可同时辨识读取数个射频识别标签。

6. 穿透性和无障碍阅读

在被覆盖的情况下，射频识别能够穿透纸张、木材和塑料等非金属或非透明的材质，并能够进行穿透性通信；而条形码扫描器必须在近距离而且没有物体遮挡的情况下，才可以识别条形码。

7. 可重复使用

当前的条形码印刷上去之后就无法更改，不能重复使用，无形中增加了企业的成本；而射频识别则可以重复地新增、修改、删除标签内储存的数据，方便信息的更新。

(六) 射频识别在物流中的应用

（1）高速公路的自动收费系统。

（2）交通督导和电子地图。

（3）停车智能化管理系统（见图 3-17）。

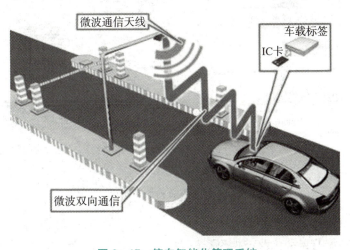

图 3-17　停车智能化管理系统

（4）邮政包裹管理系统。

（5）射频识别低速铁路运输管理系统（见图3-18）。

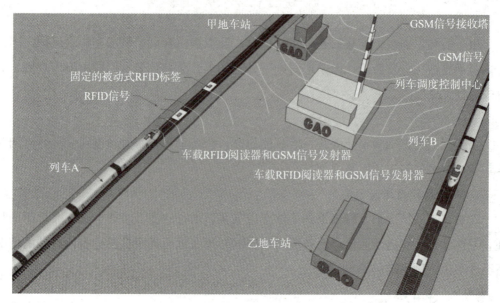

图3-18　射频识别低速铁路运输管理系统

（6）集装箱识别系统（见图3-19）。

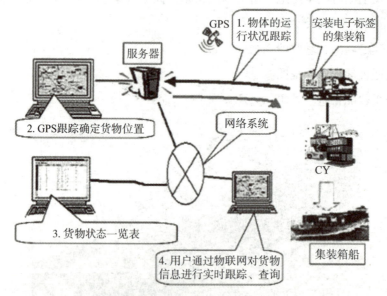

图3-19　集装箱识别系统

（7）射频识别库存跟踪系统。

（8）生产物流的自动化及过程控制。

（9）射频识别自助图书馆系统（见图3-20）。

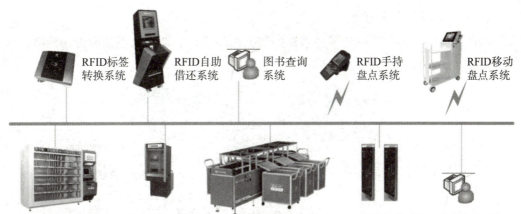

RFID标签转换系统　　RFID自助借还系统　　图书查询系统　　RFID手持盘点系统　　RFID移动盘点系统

RFID自助图书馆系统　　RFID自助还书系统　　RFID图书分拣系统　　RFID安全门禁系统　　监控中心系统

图 3-20　射频识别自助图书馆系统

三、物联网

（一）物联网的概念

物联网的英文名称为"the Internet of Things"，简称 IoT。物联网的核心还是互联网，但它是新一代信息网络的组成部分，也是在互联网基础上的延伸。物联网可定义为：通过射频识别技术与互联网、热敏感应器、GPS、激光扫描设备、气体感应等传感设备，按照某种约定的协议，把指定的物品同互联网连接起来，执行信息通信、交换，来实现智能跟踪、识别、监控、定位、管理等目的。

阿里巴巴旗下的菜鸟非常重视物联网的发展，很早便提出物联网不仅是菜鸟的战略，也应该是物流行业的共同战略。2020 年 9 月，浙江菜鸟传橙网络技术有限公司在杭州成立。该公司经营范围中就包括物联网技术研发、物联网技术服务、物联网应用服务（见图 3-21）等。

图 3-21　物联网应用服务

（二）物联网的主要特征

物联网有三大特征：一是多种多样的数据采集端；二是无处不在的传输网络；三是智能化的后台数据处理，具体如图 3-22 所示。

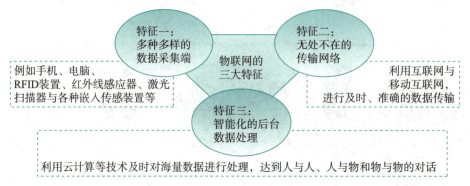

特征一：
多种多样的数据采集端

特征二：
无处不在的传输网络

物联网的三大特征

例如手机、电脑、RFID 装置、红外线感应器、激光扫描器与各种嵌入传感装置等

利用互联网与移动互联网，进行及时、准确的数据传输

特征三：
智能化的后台数据处理

利用云计算等技术及时对海量数据进行处理，达到人与人、人与物和物与物的对话

图 3-22　物联网的主要特征

（三）物联网系统的结构

一个完整的物联网系统包括 4 个组成部分：传感器/设备、连接网络、数据处理和用户界面。

1. 传感器/设备

物联网的第一步是传感器或设备从周围的环境中收集数据。如果是传感器的话，一般收集的是环境的数据，例如温度、湿度、运动等。如果几个传感器绑在一起可以形成一个硬件设备，还可以具备更多的功能，例如 GPS 定位、测加速度等。不管是单个传感器还是完整的硬件产品，在这一步都是从周围的环境中收集数据。

2. 连接网络

连接网络是物联网最重要的一步，它将实现传感器/设备与互联网的连接。具体包括以下四种方式：

（1）设备与设备相连。

物联网设备之间的互联和通信是需要利用网络来实现的，由于设备之间的通信一般是以相对较低的速率在设备之间传送信息量较小的小数据包，因此这个网络一般是通过蓝牙 4.0、Z-Wave、ZigBee 等通信协议实现连接的。在这种情况下，安全问题几乎可以忽略，因为这种短距离无线电连接基本上都是一对一的。

设备间的连接在可穿戴设备中非常流行，例如与智能手表配对的心脏监视器。由于这些连接的功耗非常低，一个电池基本可以维持数月或好几年，因此便携式或可穿戴设备通常使用这种连接方式减小设备的尺寸和降低成本。

（2）设备与云相连。

设备与云的通信一般是将设备的数据传输到应用服务提供商的云端去，来帮助服务商利用数据开展业务，通常使用的连接方式是传统的以太网或 WiFi 连接，也可以使用蜂窝连接。

设备与云连接的应用场景通常是用户要监控一个东西，但又不能时刻监视，因此需要设备持续收集数据并将数据传输到云中存储，等用户需要时可以随时调取，例如监控摄像头。

在这种情况下，安全问题就会更复杂一些，因为这涉及两种不同类型的证书——网络访问证书（例如手机的 SIM 卡）和云端访问证书。

除了传统的连接方式，有些初创公司也研发了很多设备与云连接的新技术，例如 SigFox 的超窄带技术，还有 LoRa（无线传输）和 NB-IoT（无线门磁）技术等，目的都是实现更少的功耗。

（3）设备与网关相连。

在一些场景中，设备是需要通过网关再连接到云端的，例如智能家居的控制 hub。网关的主要作用是可以连接多个不同标准的物联网设备，进行数据聚合或转码，从而实现使用一个设备来管理多个设备的目的。

（4）后端数据共享。

这种方式是设备与云连接模式的扩展，以便物联网设备和传感器的数据可以由授权的第三方进行访问。在这种模式下，用户可以将云服务中的数据与来自其他来源的数据相结合，并将所有的数据发送到其他的服务中进行汇总和分析。

这四种模式及其通常应用的场景不是固定的，开发者在部署物联网设备时会根据频段、能耗、尺寸以及成本等各种因素找到最合适、最合理的连接方式。

3. 数据处理

一旦数据传输完成，软件就可以进行相应的处理了。这种处理可能非常简单，例如检查温度读数是否在可接受的范围内，也可能非常复杂，例如利用计算机图像技术对视频中的对象进行识别（比如家里是否有小偷进入）。处理得出结果后，例如温度过高或确实有小偷进入，那么接下来怎么办？这就涉及用户界面了。

4. 用户界面

在得出数据处理结果后，向用户传输结果的方式包括很多种，例如文字方式（电子邮件、短信通知等）、主动查询（用户可以主动登录系统）等。

当然用户也可以主动对物联网设备进行远程操作，例如用户通过手机的应用程序远程调控家中的空调。一些物联网设备甚至可以实现自动操作，不需要人工直接干预，这时用户的界面就变成了对一些阈值的设定、监控以及警报触发条件的设定等。

一个完整的物联网系统的实际工作机理可能非常复杂，但基本遵从以上四个步骤，传感器/设备收集数据并通过网络进行数据交换，数据传输到云端存储和分析处理后将结果传回设备并向用户发出进行下一步操作的提醒。

(四) 物联网在物流行业中的应用

1. 货物仓储

在传统的仓储中，往往需要人工进行货物扫描以及数据录入，工作效率低下；同时仓储货位有时候划分不清晰，堆放混乱，缺乏流程跟踪。将物联网技术应用于传统仓储中，形成智能仓储管理系统，能提高货物进出效率、扩大存储容量、降低人工的劳动力强度以及人工的成本，且能实时显示、监控货物进出情况，提高交货准确率，完成收货入库、盘点调拨、拣货出库以及整个系统的数据查询、备份、统计、报表生产及报表管理等任务。

2. 运输监测

通过物流车辆管理系统对运输的货车以及货物进行实时监控，可完成车辆及货物的实时、定位跟踪，监测货物的状态及温湿度情况，同时监测运输车辆的速度、胎温胎压、油量油耗、车速以及刹车次数等车辆行驶情况，在货物运输过程中，将货物、司机以及车辆驾驶情况等信息高效结合起来，提高运输效率，降低运输成本，减少货物损耗，清楚地了解运输过程中的一切情况。

3. 智能快递柜

智能快递柜基于物联网技术，能够对物体进行识别、存储、监控和管理，与 PC 服务器一起构成了智能快递投递系统。PC 服务端能够对智能快递终端采集到的信息数据进行处理，并在数据后台实时更新，方便使用人员进行快递查询、快递调配以及快递终端维护等操作。

快递员将快件送达指定地点，将其存入智能快递终端后，智能系统就可以自动为用户发送一条短信，包括取件地址以及验证码等信息，用户可以在 24 小时内随时去智能快递终端取货，简单快捷地完成取件服务。

除了物联网技术之外，智慧物流还应用了云计算以及人工智能等相关技术，将采集后的数据传输到云平台，利用云计算、人工智能技术对数据进行分析处理，能够提高运输效率以及节省人力资本。物联网技术是传统行业数据获取的重要途径，发展物联网产业至关重要。

○任务实施

【作业的相关步骤】 条形码原理认知及设计实施步骤

步骤 1：自主学习了解条形码的组成、码制、特点及应用，掌握企业产品项目条形码的规划设计方法。下载并安装条形码打印软件 Bartender。

步骤 2：自行设想企业及其产品，如手机、服装、电脑等，至少 3 个大类、10 种以上型号规格。按照 EAN13 码的结构，分配其前缀码、厂商代码和项目代码。

步骤 3：撰写实验报告，应包括以下五部分内容：

（1）企业及产品概况：主要产品、分类情况。

（2）EAN13 码的设计思路和方法。

（3）该企业产品 EAN13 码的设计总表。

（4）商品标签形状、布局（包含 EAN13 码）设计。

（5）标签的制作过程。

■ 实训练习

1. 什么是条形码？条形码技术可以应用在物流行业的哪些方面？

2. 简述射频识别系统的组成及应用情况。

3. 仔细观察本地大型超市收银台所使用的条形码设备，并做相关记录。

4. 物联网在物流行业中有哪些应用？

任务三 数据传输与定位技术

○任务引入

在上一个任务中，我们学习了常用的物流数据采集技术——条形码技术、射频识别技术和物联网的相关知识。本任务将继续学习物流中应用广泛的数据传输与定位技术——电子数据交换技术（EDI）技术、GPS/GIS 和北斗导航系统等主要内容。完成本任务后，学生能够明晰数据传输与定位技术在物流业中的应用场景，了解电子数据交换技术、GPS/GIS 和北斗导航系统的现状和发展趋势，并熟练使用企业常用的 GPS/GIS 软件。

○ 任务分析

一、电子数据交换技术（EDI 技术）

（一）电子数据交换技术的定义

电子数据交换（Electronic Data Interchange，EDI）技术，是指将商业文件标准化和格式化，并通过计算机网络，在贸易伙伴的计算机系统之间进行数据交换和自动处理的技术。

电子数据交换技术具有明显的三方面特征：

（1）数据采用统一的标准。

（2）利用电信号传递信息。

（3）计算机系统之间互联。

（二）电子数据交换技术的特点

1. 使用电子方法传递信息和处理数据

一方面用电子传输的方式取代了以往纸质单证的邮寄和递送，提高了效率；另一方面用计算机处理数据取代人工处理数据，减少了差错和延误。

2. EDI 是计算机应用程序之间的连接

EDI 实现的是计算机应用程序之间的信息传递与交换。由于计算机只能按照给定的程序识别和接收信息，因此电子单证必须符合标准格式，并且内容要完整准确。

3. EDI 采用统一标准编制数据信息

这是 EDI 与电传、传真等其他传递方式的重要区别，电传、传真等并没有统一的格式标准，而 EDI 必须在统一标准的基础上运作。

4. EDI 系统具有严格的加密防伪手段

EDI 系统的加密防伪手段包括：用户需要用密码打开的"邮箱"读取信息；信息传输时加密，把信息转换成他人无法识别的代码，接收方计算机译码后还原成可识别信息；使用认证手段进行认证。

（三）电子数据交换系统的构成

电子数据交换系统主要有三个构成要素：数据标准、EDI 软件和硬件、通信网络。

三个要素相互衔接、相互依存，构成了 EDI 的基础框架。其中 EDI 软件和硬件是 EDI 的条件，通信网络是 EDI 应用的基础，标准化是 EDI 的特征。

（四）EDI 技术的应用领域

由于使用 EDI 可以减少甚至消除贸易过程中的纸质文件，因此使用 EDI 的交易又被人们称为"无纸贸易"。

1. 商业贸易领域

使用 EDI 技术将不同制造商、供应商、批发商和零售商等商业贸易主体各自的生产管理、物料需求、销售管理、仓库管理、商业 POS 系统有机地结合起来，可以使这些企业大幅提高经营效率，创造出更高的利润。

2. 运输业领域

使用 EDI 技术将船运、空运、陆路运输、外轮代理公司、港口码头、仓库、保险公司等企业各自的应用系统联系在一起，可以解决传统单证传输过程中的处理时间长、效率低等问题，而且可以有效提高货物运输能力，实现物流控制电子化，实现国际集装箱多式联运。

3. 通关自动化

使用 EDI 技术将海关、商检、卫检等口岸监管部门与外贸公司、来料加工企业、报关公司等企业紧密地联系起来，从而可以避免企业多次往返多个外贸管理部门进行申报、审批等程序，大大简化进出口贸易程序，提高货物通关的速度。

4. 其他领域

在税务、银行、保险等贸易链路的多个环节之中，EDI 技术也有着广阔的应用前景。例如通过 EDI 和电子商务技术，可以实现电子报税、电子资金划拨等多种应用。

（五）物流 EDI 的应用

物流 EDI 是指货主、承运业主以及其他相关单位之间，通过 EDI 系统进行物流数据交换，并以此为基础实施物流作业活动的方法，如图 3 - 23 所示。

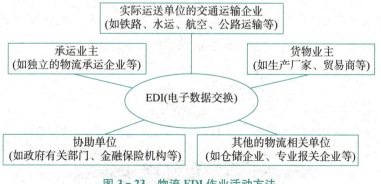

图 3 - 23　物流 EDI 作业活动方法

二、GPS/GIS

（一）GPS 技术

1. GPS 技术的定义、特点与组成

GPS（Global Positioning System）即全球定位系统，是由美国国防部研制建立的一种全方位、全天候、全时段、高精度的卫星导航系统，能为全球用户提供低成本、高精度的三维位置、速度和精确定时等导航信息，方便用户在全球范围内进行实时定位、导航。GPS 技术的特点如表 3-2 所示。

表 3-2　GPS 技术的特点

特点	说明
定位精度高	GPS 相对定位精度在 50km 以内可达 6～10m，100～500km 可达 7～10m，1 000km可达 9～10m
观测时间短	20km 以内相对静态定位，仅需 15～20min；实时动态定位和测速工作，仅需 1 秒至数秒即可完成
测站间无须通视	GPS 测量只要求测站上空开阔，不要求测站之间互相通视，因而可大大减少测量工作的经费和时间；选点工作变得非常灵活，也可省去经典测量中的传算点、过渡点的测量工作
全球统一的三维坐标	GPS 可同时精确测定观测站平面位置和大地高程，并且 GPS 定位是在全球统一的坐标系统中计算的，因此全球不同地点的测量坐标都是统一的
操作简便	GPS 测量的自动化程度很高，趋于"傻瓜化"操作。在观测中，测量员只需安置仪器，连接电缆线，量取天线高，监视仪器的工作状态，其他观测工作，如卫星的捕获、跟踪观测和记录等均由仪器自动完成
全球、全天候作业	GPS 卫星的数目较多，且分布均匀，保证了在地球上任何地方、任何时间都至少可以同时观测到 4 颗 GPS 卫星，确保实现全球、全天候连续的导航定位服务
功能多、应用广	GPS 应用广泛，利用其测量、导航、测速、测时等功能，可以在陆地应用、海洋应用、航空航天方面发挥巨大作用，例如车辆导航、地球物理资源勘探、远洋船最佳航程航线测定、船只实时调度与导航、海洋探宝、飞机导航、航空遥感姿态控制等

GPS 系统由三大部分组成：空间部分——GPS 卫星星座、地面控制部分——地面监控系统、用户部分——GPS 信号接收机，如图 3-24 所示。

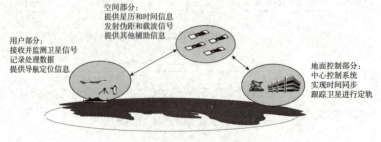

图 3-24　GPS 系统的组成

2. GPS 定位和导航原理

首先假定卫星的位置为已知，而又能准确测定某地点 A 与卫星之间的距离，那么 A 点一定是位于以卫星为中心，所测得距离为半径的圆球面上。进一步又测得点 A 至另一卫星的距离，则 A 点一定处在前后两个圆球面相交的圆环上。另外，还可测得 A 与第三个卫星的距离，通过 3 个定位球面就可以确定 A 点在地球上的空间位置。解决时间差的问题，就要通过第 4 颗卫星。

GPS 导航的基本原理是借助卫星不断对目标物体进行定位，各导航卫星不断地向地面传送本身随时间变化的精确位置，飞机、轮船等交通工具上的卫星定位接收仪接收到这些信息后，会迅速计算出自身的位置，从而达到导航的目的。

3. 四大导航系统

四大导航系统信息如表 3-3 所示。

表 3-3　四大导航系统信息

名称	隶属国家或地区	卫星个数	定位精度	使用对象	建成时间
GPS	美国	24	精度约为 10m	军民两用	1994 年
COMPASS	中国	35	"北斗一号"精确度在 10m 之内；"北斗二号"可以精确到"厘米"之内	军民两用	2012 年
GLONASS	俄罗斯	24	精度在 10m 左右	军民两用	2012 年
GNSS	欧盟	30	定位误差不超过 1m	民用	2015 年

（二）GIS 技术

1. GIS 技术的定义

GIS（Geographic Information System）是指以地理空间数据为基础，采用地理模型分析方法，提供多种空间和动态的地理信息，为地理研究和地理决策服务的计算机技术系统。地理信息系统在计算机硬、软件系统支持下，可以对整个或部分地球表层（包括大气层）空间中的有关地理分布数据进行采集、储存、管理、运算、分析、显示和描述。

地理信息系统由硬件、软件、数据、人员和方法五部分组成。

2. GIS 分类与功能

GIS 可以分为两大类：工具型 GIS 和应用型 GIS。

（1）工具型 GIS。工具型 GIS 又称 GIS 开发平台或外壳，具有 GIS 基本功能，是供其他系统调用或用户进行二次开发的操作平台，如 ArcGIS、MapInfo、GeoMedia、MapGIS、SuperMap 等。

（2）应用型 GIS。应用型 GIS 又可以分为区域地理信息系统与专题地理信息系统。

GIS 具备五项基本功能：数据输入、数据编辑、数据存储与管理、空间查询与空间分析、可视化表达与输出，如图 3 - 25 所示。

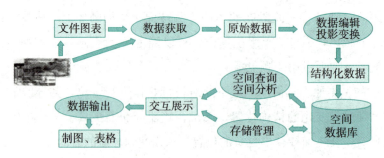

图 3 - 25　GIS 五项基本功能

三、北斗导航系统

（一）北斗导航系统的组成

1. 空间星座部分

空间星座部分由 5 颗地球静止轨道卫星和 30 颗非地球静止轨道卫星组成。

2. 地面控制部分

地面控制部分由若干主控站、注入站和监测站组成。

3. 用户终端部分

即各类"北斗"用户终端，可以与其他卫星导航系统兼容。

（二）北斗导航系统的功能与特性

1. 主要功能

北斗导航系统的功能主要包括：定位、测速、单双向授时、短报文通信。

2. 主要技术参数

服务区域：全球。

定位精度：优于 10m。

测速精度：优于 0.2m/s。

授时精度：20ns。

短报文通信：一次可传送多达 120 个汉字的讯息。

系统容量：每小时 540 000 户。

3. 北斗导航系统与 GPS 的对比

（1）覆盖范围。

目前北斗导航系统是覆盖我国本土及亚太地区的区域导航系统。

GPS 是覆盖全球的全天候导航系统。

（2）卫星数量和轨道特性。

北斗卫星导航系统由空间段、地面段和用户段三部分组成，空间段包括 5 颗静止轨道卫星和 30 颗非静止轨道卫星，地面段包括主控站、注入站和监测站等若干个地面站，用户段包括北斗用户终端以及与其他卫星导航系统兼容的终端。北斗导航系统是在赤道面上设置两颗地球同步卫星，卫星的赤道角度为 60°。

GPS 有 24 颗卫星，均为近圆形轨道，分布在 6 个轨道面上，轨道倾角为 55°，这种分布使得在全球任何时点都可观测到 4 颗以上的卫星。

（3）定位原理。

北斗导航系统是主动式双向测距二维导航。

GPS 是被动式伪码单向测距三维导航。

（4）定位精度。

北斗系统具有精密授时功能，可提供 20ns～100ns 时间同步精度。

（5）用户容量。

北斗导航系统是主动双向测距的询问-应答系统。

GPS 是单向测距系统。

（6）生存能力。

"北斗一号"一旦中心控制系统受损，系统就不能继续工作了。

GPS 正在发展星际横向数据链技术，使主控站被毁后 GPS 卫星可以独立运行。

（7）实时性。

定位实时性取决于信号的捕获速度，首先发射信号越强，接收机捕获的速度就会快，也跟接收机天线调试更接近北斗频段还是 GPS 频段有关。北斗和 GPS 在时效性上各有优势。

（三）北斗导航系统在物流中的应用

与世界上其他卫星导航系统不同，北斗系统由地球静止轨道、倾斜地球同步轨道以及中圆地球轨道三种轨道组成，能够更好地服务于我国及周边地区，同时也让它除了导航、定位、救援服务外，还具备短报文通信的功能。

我国近年来逐步在物流车辆上安装北斗设备，包含货车、挂车等多种车型，结合自身的物流大数据，进行了物流智慧管理。比如，通过对车辆速度和路线的实时监控，保障驾驶安全；结合北斗卫星导航系统的地理位置数据，进行数据分析和挖掘，定制服务线路，提高物流效率，管控成本，也让信息更透明，让查看物流信息的买家看到最便捷的配送路线。

2016 年，安徽省推出"互联网＋北斗物流"项目，通过手机货源 App 终端，能让行进中的空货车找到离自己最近的货源。有了这款 App 终端，包裹能更加及时地进行运输，早一天开始运输，就能早一天送达目的地。

2017 年，广西汽车运输物流行业协会与相关企业签订协议，推进北斗系统在广西地区的推广应用，推动南宁城市共同配送的发展，以信息化助力智慧物流配送。

2018 年，总部位于上海市青浦区的某物流平台超过 6 000 台物流车辆均配备了北斗定位终端，整个物流配送过程实现全过程监控，通过利用智能化的物流数据，分析并解决物流过程中存在的问题。

2018 年，辽宁省全面推广以北斗系统等现代信息技术支撑的"物联网＋物流"，加强机器人与自动分拣、二维码、免提扫描（智能眼镜）、自动驾驶货车、无人机、3D打印、智能快递柜等技术设备的研发应用。

2020 年 6 月 17 日，亚洲首个全流程智能柔性生产物流园——京东物流北斗新仓建成投用，该仓库位于天津市武清区，在软件、硬件及模式创新等方面拥有 100% 的自主知识产权。

据调查，全国已有超过 660 万辆道路营运车辆、5.1 万辆邮政快递运输车辆、1 356 艘公务船舶、8 600 座水上辅助导航设施、109 座沿海地基增强站、300 架通用航空器应用了北斗系统。特别是长江干线 842 艘公务船、733 艘客渡船已经实现北斗应用100% 全覆盖，海事领域即将实现北斗应用 100% 全覆盖。

○ 任务实施

【作业的相关步骤】 定位系统认知及软件操作实施步骤

步骤 1：下载安装软件。通过官网下载图新地球（简称 LSV）最新版。

步骤 2：熟悉图新地球的操作并完成路线规划。

步骤 3：将操作结果填到表格中。

软件的主要功能	
操作过程	
常用定位系统	
不同定位系统的特点	
在物流行业中的应用案例	

实训练习

1. 什么是 EDI？EDI 有什么特点？简述其工作原理。
2. GPS 系统由哪些部分组成？它在物流业的应用情况是怎样的？
3. GIS 的基本功能有哪些？它在物流业有哪些应用？
4. 简述北斗卫星导航系统在物流中的应用。

项目四

物流自动化电气控制技术

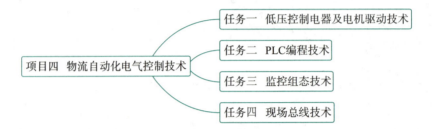

知识目标

1. 了解物流自动化中常用的电气控制技术。

2. 掌握物流自动化中常用的低压电器的功能。

3. 了解常用电气控制的电机的工作原理。

4. 掌握 PLC 的结构及特点。

5. 了解 PLC 的工作原理。

6. 了解监控组态技术。

7. 了解总线控制技术。

技能目标

1. 能识别各种低压电器的电气符号。

2. 能说出基本电机控制的工作过程。

3. 能说出西门子 S7-1200 PLC 的结构。

4. 能说出监控组态软件的使用步骤。

5. 能说出 PROFINET 通信的三种方式。

素质目标

1. 培养学生的学习能力。
2. 培养学生解决问题的能力。
3. 培养学生正确的世界观、人生观、价值观。

知识链接

一、物流自动化电气控制技术概述

物流自动化系统是集机、光、电、液为一体的大型复杂系统，其中的自动控制技术主要由对相关机械机构的运动控制和逻辑控制组成。运动控制主要是对机械部分的定位、轨迹、速度、压力、角度等进行控制，是最基本、最简单的控制形式；逻辑控制是为了满足许多机电系统的复杂时序控制功能要求，由开关控制电路按照一定的方式或次序组合起来实现的控制。

（一）运动控制

运动控制技术是物流自动化系统中控制技术的核心内容。在物流自动化系统中，电机是最重要的动力源和执行部件，系统要求对电机进行精确的传动和调速控制，通过精确控制电机的旋转速度及角度位置转换为直线位置的控制。因此，运动控制就是以电机与传动机构为控制对象，通过控制器和驱动装置，对机电系统的速度、转矩、位置等运动量进行控制，以满足功能和性能的要求。

（二）逻辑控制

逻辑控制是以逻辑代数为理论基础的一种控制思想，它把许多简单的自动开关控制电路按照一定的方式或次序结合起来（如逻辑控制产品、可编程控制器 PLC），以满足许多机电系统的复杂控制要求，实现远距离集中控制，提高工作机械的生产率和产品质量。

二、物流自动化电气控制技术的基本组成

物流自动化电气控制系统主要由低压控制电器及电机驱动技术、PLC 编程技术、现场总线控制技术、监控组态技术等组成。

（一）低压控制电器及电机驱动技术

低压控制电器是一种能根据外界的信号和要求，手动或自动地接通、断开电路，

以实现对电路或非电对象的切换、控制、保护、检测、变换和调节的元件或设备。控制电器按其工作电压的高低，以交流 1 200V、直流 1 500V 为界，可划分为高压控制电器和低压控制电器两大类。常见的低压控制电器有开关、熔断器、接触器、漏电保护器和继电器等。

电机驱动技术是指根据电机的不同类型及电机使用场合的不同要求及目的，通过设计电机的主电路及控制电路，达到电机快速启动、快速响应、高效率、高转矩输出及高过载能力的控制技术。

（二）PLC 编程技术

可编程逻辑控制器（Programmable Logic Controller，PLC）是一种具有微处理器的用于自动化控制的数字运算控制器，可以将控制指令随时载入内存进行储存与执行。PLC 控制系统是在传统的顺序控制器的基础上引入了微电子技术、计算机技术、自动控制技术和通信技术而形成的一代新型工业控制装置，目的是用来取代继电器，执行逻辑、计时、计数等顺序控制功能，建立柔性的远程控制系统。它具有通用性强、使用方便、适应面广、可靠性高、抗干扰能力强、编程简单等特点。

（三）监控组态技术

监控组态技术是通过组态软件 HMI（Human and Machine Interface）/MMI（Man and Machine Interface）/SCADA（Supervisory Control and Data Acquisition）进行数据采集监控的技术，组态软件是人与控制器（通常是 PLC）之间的信息交互媒介，是工业应用软件的一个组成部分，也是工业领域应用最早、最广泛的自动化软件产品。

（四）现场总线控制技术

现场总线是安装在制造或过程区域的现场装置与控制室内的自动控制装置之间的数字式、串行和多点通信的数据总线。现场总线控制技术由现场总线控制系统（Fieldbus Control System，FCS）组成，它是由各种现场仪表通过互连与控制室内的人机界面所组成的全分散、全数字化、全开放和可互操作的生产过程自动控制系统。以现场总线作为技术支撑的 FCS 在工业物流自动化领域有明显的优势，诸如精确性高、组织简单、设计安装方便、易于维护和扩展、可以节约软硬件投资等，被称为第五代控制系统，成为当今工业物流自动化发展的必然趋势。它使过程控制领域的自动化装置由 DCS 向 FCS 过渡，DDC（直接数字控制）功能将彻底分散到现场，使先进的现场设备管理功能得以实现。现场总线已广泛应用于各个领域，如物流自动化、电力监控、能源管理、自动测试系统等。

任务一　低压控制电器及电机驱动技术

任务引入

在物流系统中，输送系统是一种把入库作业场、出库作业场、包装分拣、码垛场地及暂存货架等有机地联系起来，并完成物品的分拣和流通的机构。带式输送机在物流行业的运输和分拣中应用越来越广泛，能有效地对皮带输送机的运行进行控制，从而提高物流的货物运输效率。

任务分析

带式输送机是运用皮带的物理运动输送物料的机械，电机是带式输送机中的动力元件，带式输送机的控制是通过控制电机来进行的，主要是完成对电机的启动、停止、正反转（方向）及速度的继电器控制。对电机操作控制，我们需要了解两部分内容：低压控制电器和电机装置。

一、低压控制电器

低压控制电器又称低压电器，是一种用于交流额定电压 1 200V 以下、直流额定电压 1 500V 以下的电路中，能根据外界的信号和要求，手动或自动地接通、断开电路，以实现对电路或非电气对象的切换、控制、保护、检测、变换和调节的元件或设备。

物流自动化系统中常用的低压电器有：主令电器、刀开关、组合开关、熔断器、接触器、继电器、低压断路器等。

（一）主令电器

主令电器主要用来切换控制线路。最常见的主令电器有：按钮、万能转换开关、行程开关。

1. 按钮

按钮的作用是手动短时接通或断开小电流电路，常用于控制电路中发出启动或停止等命令，控制接触器、继电器等电器的线圈通电或断电，以此来接通或断开主电路。

按钮的外形及结构如图4-1所示，主要由按钮帽、复位弹簧、桥式动静触头和外壳等组成。

1-接线柱；2-按钮帽；3-触头接线柱；4-按钮帽；5-复位弹簧；6-常开触头；7-常闭触头

图4-1 按钮的外形及结构

按钮的图形符号如图4-2所示。

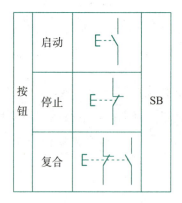

图4-2 按钮的图形符号

按钮的选择原则如下：

(1) 根据使用的场合不同，选择合适的控制按钮，如开启式、防水式、防腐式等。

(2) 根据用途的不同，选用合适的按钮形式，如钥匙式、紧急式、带灯式等。

(3) 根据控制电路的要求，确定所用按钮的数量，如单钮、双钮、三钮、多钮等。

(4) 根据设备工作状态指示和工作情况的要求，选择按钮的颜色和指示灯的颜色。

2. 万能转换开关

万能转换开关是对电路实现多种转换的主令电器。它是由多组结构相同的触头组件叠装而成的具有多挡位、多回路的控制电器。万能转换开关主要用作各种电气控制线路和电气测量仪表的转换开关，或小容量电动机的启动、制动、调速和换向的控制开关，以及配电设备的远距离控制开关。万能转换开关的外形、内部接线图及图形符号如图4-3所示。

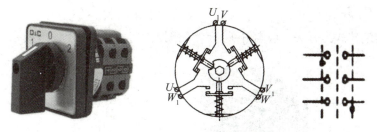

图 4-3 万能转换开关的外形、内部接线图及图形符号

3. 行程开关

行程开关也称限位开关，是根据生产机械运动部件的行程（或位置）而动作的一种电器，常用于生产机械设备的行程控制及限位保护。

行程开关的外形及图形符号如图 4-4 所示。

图 4-4 行程开关的外形及图形符号

（二）刀开关

刀开关主要用于隔离电源或手动接通与断开交直流电路，也可用于不频繁通断的电路。刀开关的结构及图形符号如图 4-5 所示。

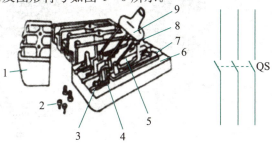

1-胶盖；2-胶盖紧固螺丝；3-进线座；4-静触点；5-熔丝；6-瓷底；7-出线座；

8-动触点；9-瓷柄

图 4-5 刀开关的结构及图形符号

刀开关可分为以下三类：

（1）单刀：用在某一相线上。

（2）双刀：用在两相上。

（3）三刀：用在三相上。

a. 带熔断器式刀开关（胶盖开关），实物图及图形符号如图4-6所示。

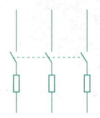

图4-6　带熔断器式刀开关的实物图及图形符号

b. 不带熔断器式刀开关（开关板用刀开关），实物图及图形符号如图4-7所示。

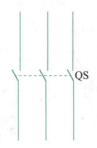

图4-7　不带熔断器式刀开关的实物图及图形符号

c. 封闭式负荷开关（铁壳开关），实物图及结构图如图4-8所示。

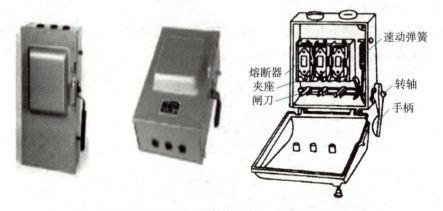

图4-8　封闭式负荷开关（铁壳开关）的实物图及结构图

（三）组合开关（转换开关）

组合开关的作用主要有三种：作为电源的引入开关；通断小电流电路（控制电路）；控制5kW以下电动机电源开关。组合开关的结构及图形符号如图4-9所示。

（四）熔断器

熔断器是当电流超过规定值时，以本身产生的热量使熔体熔断，断开电路的一种

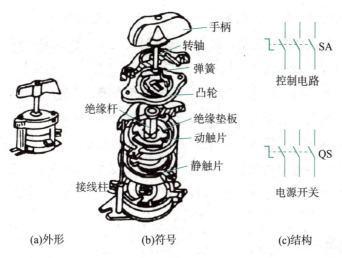

(a)外形　　　　　(b)符号　　　　　(c)结构

图 4-9　组合开关的结构及图形符号

电器。熔断器的外形及图形符号如图 4-10 所示。熔断器的作用是短路和严重过载保护（监视电流）。

图 4-10　熔断器的外形及图形符号

常见的熔断器有以下几种：

（1）插入式熔断器。它常用于 380V 及以下电压等级的线路末端，做配电支线或电气设备的短路保护之用。

（2）螺旋式熔断器。熔体的上端盖有一熔断指示器，一旦熔体熔断，指示器马上弹出，可透过瓷帽上的玻璃孔观察到，它常用于机床电气控制设备中。螺旋式熔断器分断电流较大，可用于电压 500V 及其以下、电流 200A 以下的电路中，做短路保护。

（3）封闭式熔断器。封闭式熔断器分为有填料熔断器和无填料熔断器两种。有填料封闭式熔断器一般用方形瓷管，内装石英砂及熔体，分断能力强，用于电压 500V 以下、电流 1KA 以下的电路中。无填料封闭式熔断器将熔体装入密闭式圆筒中，分断能力稍弱，用于 500V 以下、600A 以下电力网或配电设备中。

（4）快速熔断器。快速熔断器主要用于半导体整流元件或整流装置的短路保护。由于半导体元件的过载能力很低，只能在极短时间内承受较大的过载电流，因此要求短路保护具有快速熔断的能力。快速熔断器的结构和有填料封闭式熔断器基本相同，但熔体材料和形状不同，它是以银片冲制的有 V 形深槽的变截面熔体。

（5）自复熔断器。自复熔断器采用金属钠做熔体，在常温下具有高电导率。当电路发生短路故障时，短路电流产生高温使钠迅速气化，气态钠呈现高阻态，从而限制了短路电流。当短路电流消失后，温度下降，金属钠恢复原来的良好导电性能。自复熔断器只能限制短路电流，不能真正分断电路。其优点是不必更换熔体，能重复使用。

（五）接触器

接触器是指利用线圈流过电流产生磁场，使触头闭合，以达到控制负载目的的电器。接触器通常分为交流接触器（电压 AC）和直流接触器（电压 DC）。接触器外形、图形符号及结构如图 4 - 11 所示。

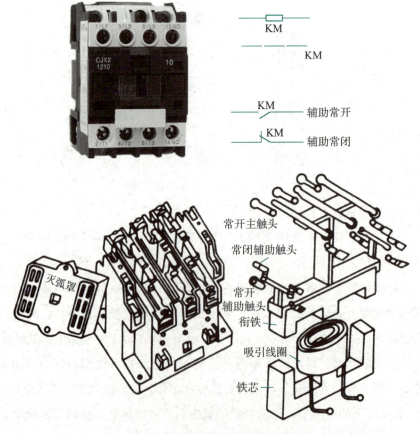

图 4 - 11　接触器外形、图形符号及结构

一般接触器由电磁机构、触头系统、灭弧装置等组成。电磁机构由铁芯、衔铁及线圈组成，触头系统由三对主触头、两对常开辅助触头、两对常闭辅助触头组成。

接触器的工作原理是线圈通电后衔铁被吸合带动触头动作：主触头闭合，常开触头闭合，常闭触头断开；线圈失电后衔铁放松，触头恢复原样。触头通常用来接通或断开被控制的电路。

（六）继电器

继电器是一种电控制器件，是在输入量（激励量）的变化达到规定要求时，在电气输出电路中使被控量发生预定的变化的一种电器。它通常应用于自动化的控制电路中，实际上是用小电流去控制大电流运作的一种"自动开关"，故在电路中起着自动调节、安全保护、转换电路等作用。在物流自动化系统中常用的继电器有电磁式继电器、时间继电器、热继电器等。

1. 电磁式继电器

控制电路中的继电器大多数是电磁式继电器。常用的电磁式继电器有电流继电器、电压继电器、中间继电器以及各种小型通用继电器等。电磁式继电器的结构和工作原理与接触器相似，主要由电磁机构和触头组成。在线圈两端加上电压或通入电流，产生电磁力，当电磁力大于弹簧反力时，吸动衔铁使常开常闭触头动作；当线圈的电压或电流下降或消失时衔铁释放，触头复位。

（1）中间继电器。

中间继电器的本质是电压继电器，其外形、结构及图形符号如图 4-12 所示。

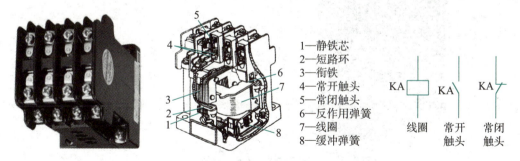

1—静铁芯
2—短路环
3—衔铁
4—常开触头
5—常闭触头
6—反作用弹簧
7—线圈
8—缓冲弹簧

KA　　KA　　KA
线圈　　常开　　常闭
触头　　触头

图 4-12　中间继电器的外形、结构及图形符号

中间继电器的特点是触头多，并能通过较大电流，动作灵敏，因此多用于中间传递信号或用于同时控制多条线路。

（2）电流继电器。

电流继电器是根据电流信号而动作的，包括过电流继电器和欠电流继电器。其外形及图形符号如图 4-13 所示。

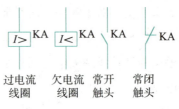

图 4 - 13 电流继电器的外形及图形符号

电流继电器的特点是：线圈匝数少、线径较粗，能通过较大电流。

1）过电流继电器。

过电流继电器的工作原理是：在出现过电流时衔铁吸合，其触头切断电路。过电流继电器串接在电枢电路中，可防止电动机短路或电枢电流过大。

2）欠电流继电器。

欠电流继电器的工作原理是：正常工作时，继电器线圈流过负载额定电流，衔铁吸合；当负载电流降低至继电器释放电流时，衔铁释放，带动触头动作。欠电流继电器用在直流并励电动机的励磁线圈中，可防止转速过高或电枢电流过大。

（3）电压继电器。

电压继电器是根据电压信号而动作的，包括欠电压继电器和过电压继电器。其外形及图形符号如图 4 - 14 所示。电压继电器的特点是：线圈匝数多、线径较细。

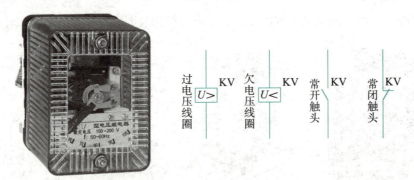

图 4 - 14 电压继电器的外形及图形符号

欠电压继电器用作电路欠压保护，过电压继电器用作电路过压保护。

2. 时间继电器

时间继电器是控制电路中一种利用电磁原理或机械动作原理来延迟触头闭合或分断的用于时间自动控制的电器。按其工作原理的不同，时间继电器可分为空气阻尼式时间继电器、电动式时间继电器、电磁式时间继电器、电子式时间继电器等。其中，空气阻尼式和电子式时间继电器的外形及图形符号如图 4 - 15 所示。

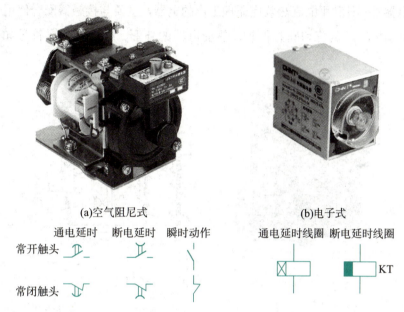

图 4 - 15　空气阻尼式和电子式时间继电器的外形及图形符号

当加电压于线圈两端时，衔铁克服塔形弹簧的反作用力被吸入，瞬时常开触头闭合，常闭触头断开，同时延时机构开始启动，先闭合滑动常开主触头，再延时闭合常开主触头，从而得到所需延时，当线圈断电时，在塔形弹簧作用下，使衔铁和延时机构立刻返回原位。

从电压加于线圈的瞬间起到延时闭合常开主触头止，这段时间就是继电器的延时时间，可通过整定螺钉来移动静接点位置进行调整，并用螺钉下的指针在刻度盘上指示要设定的时限。

时间继电器正面内部接线图如图 4 - 16 所示。

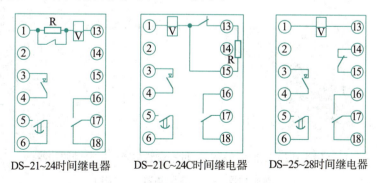

图 4 - 16　时间继电器正面内部接线图

3. 热继电器

热继电器是一种利用电流热效应原理工作的电器，主要与接触器配合使用，用于对三相异步电动机的过负荷和断相保护。热继电器的外形、结构及图形符号如图 4-17 所示。

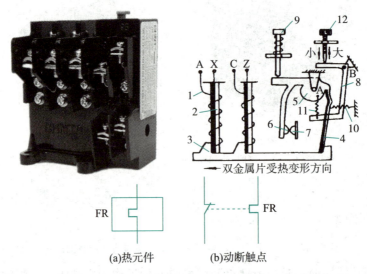

(a)热元件　　(b)动断触点

图 4-17　热继电器的外形、结构及图形符号

（七）低压断路器

低压断路器又称自动开关或空气开关，在电路过载、过电流、短路、断相、漏电过载、失压时自动分断电路，相当于刀开关、熔断器、热继电器和欠电压继电器的组合。

低压断路器主要由触头系统、操作系统和保护元件组成，其外形及结构如图 4-18 所示。

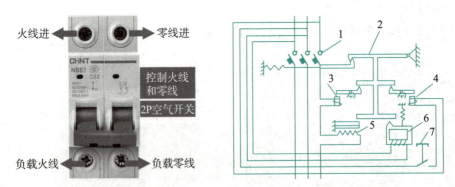

1-主触头；2-自由脱扣器；3-过电流脱扣器；4-分励脱扣器；

5-热脱扣器；6-失压脱扣器；7-按钮

图 4-18　低压断路器的外形及结构

二、电机驱动装置

电机是指根据电磁感应定律实现电能转换或传递的一种装置，是电动机和发电机的总称。电动机在电路中是用字母 M 表示，主要作用是将电能转换为机械能。发电机在电路中用字母 G 表示，主要作用是将机械能转化为电能。电机按工作电源种类划分，可分为直流电机和交流异步电机。

（一）直流电机

直流电机是将直流电能转换为机械能的电机，因其具有良好的启动性和调速性能而在物流自动化系统中得到广泛应用。直流电机按励磁方式可分为永磁、他励和自励三类，其中自励又分为并励、串励和复励三种。

直流电机主要由定子和转子两部分组成。定子包括主磁极、机座、换向极及电刷装置等，它的作用是产生磁场。转子包括电枢铁芯、电枢绕组、换向器、轴和风扇等，它的作用是产生电磁转矩和感应电动势。当直流电源通过电刷向电枢绕组供电时，电枢表面的 N 极下导体可以流过相同方向的电流，根据左手定则导体将受到逆时针方向的力矩作用；电枢表面 S 极下部分导体也流过相同方向的电流，同样根据左手定则导体也将受到逆时针方向的力矩作用。这样，整个电枢绕组即转子将按逆时针旋转，输入的直流电能就转换成转子轴上输出的机械能。上述工作原理如图 4-19 所示。

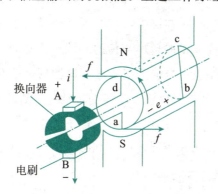

图 4-19　直流电机的工作原理

直流电机的相关参数如下：

（1）额定功率 PN：电机轴上输出的机械功率。

（2）额定电压 UN：额定工作情况下的电枢上加的直流电压（例如：110V、220V、440V）。

（3）额定电流 IN：额定电压下轴上输出额定功率时的电流（并励电机包括励磁和电枢电流）。

（4）额定转速 Nn：在 PN、UN、IN 下的转速。

直流电机运行时，若各个物理量都与它的额定值一样，就称为额定运行状态。在额定运行状态下工作，电机能可靠地运行，并具有良好的性能。但在实际运行中，电机不可能总是在额定状态下运行。如果通过电机的电流小于额定电流，称为欠载运行；如果超过额定电流，称为过载运行。长期过载或欠载运行都不好，长期过载有可能因过热而损坏电机，长期欠载则运行效率不高，而且浪费能量。因此，选择电机时，应根据负载的要求，尽量让电机在额定状态下工作。

（二）交流异步电机

交流异步电机是一种将交流电的电能转变为机械能的装置，它是物流自动化系统中使用最广泛的一种电机。异步电机的种类很多，从不同角度看有不同的分类方法，按定子相数可分为单相异步电机、两相异步电机、三相异步电机；按转子结构可分为绕线式异步电机和鼠笼式异步电机，鼠笼式异步电机又可分为单鼠笼异步电机、双鼠笼异步电机、深槽式异步电机等。三相交流异步电机主要由一个用以产生磁场的电磁铁绕组或分布的定子绕组和一个旋转电枢或转子组成，如图 4-20 所示。定子由机座、定子铁芯和定子绕组三部分组成，转子是电机的转动部分，由转子铁芯、转子绕组及转轴等部件组成。机座的作用主要是固定与支撑定子铁芯，必须具备足够的机械强度和刚度。定子铁芯是异步电机磁路的一部分，铁芯内圆上冲有均匀分布的槽，用以嵌放定子绕组。定子绕组是三相对称绕组，当通入三相交流电时，能产生旋转磁场，并与转子绕组相互作用，实现能量的转换与传递。转子铁芯的作用和定子铁芯的作用相同。定子上装有对称三相绕组，当定子接通三相电源后，即在定、转子之间的气隙内建立了一个同步转速为 n1 的旋转磁场。磁场旋转时将切割转子导体，根据电磁感应定律可知，在转子导体中将产生感应电势，由于转子绕组是闭合的，导体中有电流，电流方向与电势相同，载流导体在磁场中要受到电磁力作用从而产生电磁转矩，于是转子就跟着旋转磁场向逆时针方向转动。

1. 异步电机的相关参数

（1）额定功率 P：指电动机在额定状态下运行时轴上输出的机械功率，单位为千瓦（kW）。

（2）额定电压 U：指额定状态下运行时加在定子绕组上的线电压，单位为伏（V）。

（3）额定电流 I：指电动机在定子绕组上加额定电压，轴上输出额定功率时，定子绕组中的线电流，单位为安（A）。

（4）额定频率 f：指电动机在额定状态下运行时加在定子绕组上的电网频率。

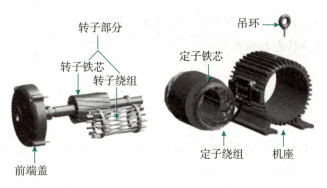

图 4 - 20 三相交流异步电机的结构

（5）额定转速 nN：指电动机定子加额定频率的额定电压，且轴上输出额定功率时电机的转速，单位为转/分钟（r/min）。

（6）额定功率因数 cosφ：指电机在额定负载下定子侧的功率因数。

2. 物流自动控制系统中三相异步电机的控制设计

对物流自动控制系统中三相异步电机的使用主要是对其的点动控制、连续运转控制、正反转控制和制动控制等。其设计如下：

（1）三相异步电机的单向点动控制。

所谓点动，即按下按钮时电机工作，松开按钮时电机即停止工作。点动控制主要用于小型起吊设备的电动机控制。其电气原理如图 4 - 21 所示。

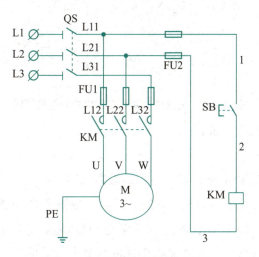

图 4 - 21 点动控制的电气原理

主电路中刀开关 QS 起为电源开关隔离电源的作用；熔断器 FU1 对主电路进行短路保护，主电路由接触器 KM 的主触点接通或断开。由于点动控制下电动机运行时间短，有操作人员在近处监视，因此一般不设过载保护环节。控制电路中熔断器 FU2 进行短路保护；常开按钮 SB 控制接触器 KM 电磁线圈的通断。

点动控制的线路控制动作如下：

合上隔离开关 QS：

1）按下 SB→KM 线圈通电→KM 主触点闭合→电动机 M 得电启动并进入运行状态。

2）松开 SB→ KM 线圈断电→KM 主触点断开→电动机 M 失电停转。

（2）三相异步电机的全压启动连续运转控制。

所谓连续运转，即按下启动按钮时电动机连续运行，按下停止按钮时，电动机即停止工作。连续运转控制主要用在用皮带传送物料的控制中。全压启动连续运转控制的电气原理如图 4-22 所示。

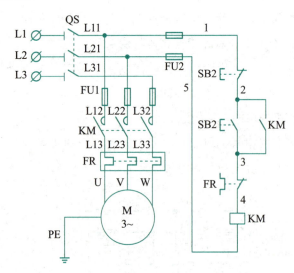

图 4-22　全压启动连续运转控制的电气原理

连续运转的电动机控制如下：

合上电源开关 QS：

启动时，按下启动按钮 SB2（2-3），接触器线圈 KM（4-5）通电吸合，其主触点闭合，电动机接通三相电源启动。同时，与启动按钮 SB2 并联的接触器常开辅助触点 KM（2-3）闭合，使 KM 线圈经 SB2 触点与接触器 KM 自身常开辅助触点 KM（2-3）通电，当松开 SB2 时，KM 线圈仍通过自身常开辅助触点继续保持通电，从而使电动机获得连续运转。

这种依靠接触器自身辅助触点保持线圈通电的电路，称为自锁电路，而这对常开辅助触点称为自锁触点。

电动机需停转时，可按下停止按钮 SB1，接触器 KM 线圈断电释放，KM 主触点与常开辅助触点均断开，切断电动机主电路及控制电路，电动机停止运转。

电路中常用的保护有以下几种：

1）短路保护。由熔断器 FU1、FU2 实现。

2）过载保护。由热继电器 FR 实现电动机的长期过载保护。

3）欠压和失压保护。当电源电压严重下降或电压消失时，接触器电磁吸力急剧下降或消失，衔铁释放，各触点复原，断开电动机电源，电动机停止运转。一旦电源电压恢复，电动机也不会自行启动，从而避免事故发生。因此，具有自锁电路的接触器控制具有欠压与失压保护作用。

（3）三相异步电机的正反转控制。

电机的正反转控制指的是按下正转按钮后，电动机正转运行；按下反转按钮后，电动机反转运行。在物流系统中正反转控制常用于对皮带方向的控制。其电气原理如图 4-23 所示。

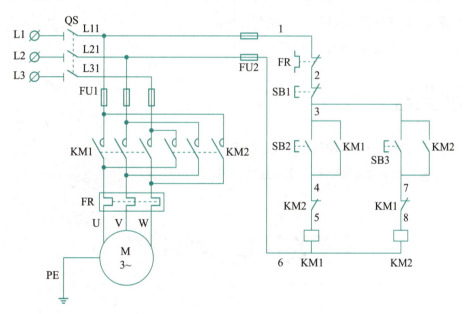

图 4-23　正反转控制的电气原理

正反转的电动机控制如下：

合上电源开关 QS：

正转时，按下启动按钮 SB2（3-4），接触器线圈 KM1（5-6）通电吸合，其主触点闭合，电动机接通三相电源正转启动。同时，与启动按钮 SB2 并联的接触器常开辅助触点 KM1（3-4）闭合，使 KM1 线圈经 SB2 触点与接触器 KM1 自身常开辅助触点 KM1（3-4）通电，当松开 SB2 时，KM1 线圈仍通过自身常开辅助触点继续保持通电，从而使电动机获得连续运转。

反转时，按下启动按钮 SB3（3-7），接触器线圈 KM2（8-6）通电吸合，其主触点闭合，电动机接通三相电源正转启动。同时，与启动按钮 SB3 并联的接触器常开辅助触点 KM3（3-7）闭合，使 KM2 线圈经 SB3 触点与接触器 KM2 自身常开辅助触点 KM2（3-7）通电，当松开 SB3 时，KM2 线圈仍通过自身常开辅助触点继续保持通电，从而使电动机获得连续运转。

以上线路中使用两只交流接触器来改变电动机的电源相序。显然，两只接触器不能同时得电运作，否则将造成电源短路，因而需在电路中设置互锁电路。

○任务实施

【作业的相关步骤】 皮带运输机认知步骤

步骤 1：识别皮带运输机中常用的低压电器。

步骤 2：读懂皮带运输机的电路图。

■ 实训练习

1. 简述物流系统中常用的自动控制技术。
2. 简述三相交流异步电机的主要结构及各部分的作用。

任务二 PLC 编程技术

○任务引入

随着现代技术的发展和市场需求的增加，皮带机恒速控制和智能分拣要求实现自动化。经过几十年的发展，自动化控制技术已经达到相当高的水平，由最初的继电器-接触器系统发展到现今广泛应用的 PLC 控制和工业机的控制。总之，随着科技的发展，自动化物流技术已经将计算机通信网络技术、识别技术、数据传输跟踪技术、数据库技术、智能技术等融入其中，使其在控制速度、精度以及可靠性方面取得了长足进步。

西门子 S7-1200 PLC 在物流自动化系统中应用广泛，本任务将重点学习 S7-1200 PLC 在带式输送机基本控制中的应用。

任务分析

可编程控制器（Programmable Logic Controller，PLC）是特别为复杂的生产环境设计的控制器，它是微处理器结合 PC 机与自动化技术，能够进行复杂的数字和逻辑运算操作的电子器件。PLC 的存储器可以进行梯形图编程，进行顺序控制，能够通过输入/输出数字或模拟信号来控制工业生产中的机械。现在，可编程控制器、工业机器人、数字控制已经成为现代工业自动化的三大支柱。

一、可编程控制器（PLC）概述

（一）PLC 的产生和发展

1. PLC 的产生

1968 年，美国通用汽车公司提出要更新继电器的控制设计；1969 年，美国数字设备公司设计开发了一种基于集成电路及电子技术的控制装置，在这个装置中首次应用了程序化的设计手段，这就是可编程控制器（PLC）的第一代，也就是公认的最早开发的第一台 PLC。它最初的设计理念是以计算机软件的控制思想代替继电器的逻辑，在硬件的构成上类似于微型计算机。

1987 年 2 月，国际电工委员会（IEC）给出了 PLC 的定义："PLC 是一种专门为在工业环境下应用而设计的数字运算操作的电子装置。它可以存放逻辑运算、计时、顺序运算、计数和算术运算的指令，可以输入和输出数字量和模拟量，实现机械或工业过程的控制。PLC 及其有关的外围设备都应该按易于与工业控制系统形成一个整体，易于扩展其功能的原则而设计。"

2. PLC 的发展

随着经济社会的不断发展，可编程控制器及其配套的技术产品的结构在不断完善，功能日趋强大，性价比也在不断提高。

随着微处理器的出现，大规模、超大规模集成电路技术的迅速发展和数据通信技术的不断进步，PLC 也迅速发展，其发展过程大致可分为以下三个阶段：

（1）早期的 PLC（20 世纪 60 年代末—70 年代中期）。早期的 PLC 一般称为可编程逻辑控制器。这时的 PLC 基本上作为继电器控制装置的替代物，一般只用于单一工序的自动控制。

（2）中期的 PLC（20 世纪 70 年代末—80 年代中后期）。微处理器的出现使 PLC 发生了巨大的变化。美国、日本、德国等国的一些厂家先后开始采用微处理器作为 PLC 的中央处理单元（CPU），这使得 PLC 的功能大大增强。

（3）近期的 PLC（20 世纪 80 年代中后期至今）。进入 20 世纪 80 年代中后期，由于大规模集成电路的迅速发展，PLC 制造厂商开发了专用的逻辑处理芯片，使得 PLC 软硬件功能发生了巨大的变化，提高了 PLC 的处理速度。

（二）PLC 的特点

PLC 由于其高可靠性、安全、灵活等优点，较好地解决了工业上大量应用的需求问题，自 20 世纪 70 年代以来得到了高速发展。PLC 主要有以下特点。

1. 良好的抗干扰能力和高稳定性

PLC 是一款专业的逻辑控制器，主要服务于工业控制现场。据实验统计，PLC 的平均故障间隔时间可达几十万小时以上，高可靠性和良好的抗干扰能力是其显著的特点。

软件故障（软故障）和硬件故障（硬故障）常常发生在数字化的控制设备上。其中，软故障通常是由环境的信号干扰、工作温度过高和过电压等引起的未破坏系统硬件的暂时性故障；硬故障是由多种因素导致的硬件的损坏，属于严重故障。

循环读取数据的处理方法使 PLC 有效地避免了软故障的发生。除此之外，某些高品质的 PLC 配备两个 CPU 模板（俗称双机）同步处理，就算其中的某个模板发生错误，整个系统也可以继续当前工作，此时，还可以处理发生错误的 CPU 模板，及时维修。例如：欧姆龙公司的 C 系产品中 2 000H 被广泛应用于对双机要求较为严格且控制对象十分重要的工业现场中，其内部有备用的 CPU 和稳定性良好的转换模块连接，程序执行可以无保留地转至备用 CPU 中。此外，PLC 在抗干扰方面还运用了以下方法：

（1）硬件方面。

抑制干扰普遍采用的是安全隔离法，高压电是其主要的外部干扰源，为有效抑制外部高压干扰，可以在 CPU 与 I/O 电路之间采取光电隔离方法。此外，通过滤波的处理，也可以很好地抑制干扰信号，如高频干扰就可通过对电源接入单元采取各种方式进行滤波处理。应用质优的导电材料屏蔽 CPU，也可以有效地抑制系统物理线路上的干扰源。

（2）软件方面。

1）设置故障检测与诊断程序。通过系统内置的单元检测，在 PLC 的扫描周期内，处理并检查相关硬件设备的工作状态，如锂电池的工作电压是否过低、单元外面有没有断路等。

2）设置状态信息保存功能。能够在软故障出现时第一时间封存现场状态信息，禁止对内部存储单元作其他危害系统稳定的读/写操作，防止故障前存储的相关数据被冲洗，确保在第一时间恢复故障现场。

通过采取上述措施，PLC 的稳定性和抵抗相关干扰的能力显著提升，能够很好地抵抗幅值为 1 000V、时间为 1ns 的干扰信号脉冲。

2. 编程简单，易于掌握

这是 PLC 的又一突出特点。当前，大部分 PLC 应用的是梯形图式的编程方法，这是一种面向用户的方法，迎合了一般电气设计师的知识体系和读图习惯，易被电气相关从业人员快速掌握。

3. 系统设计、施工容易，维护简单

由 PLC 构成的可编程系统，在工程开发和工程施工方面有着其他继电器-接触器控制系统无法比拟的优势，PLC 产品的系列化、标准化和通用化使设计部门能在规格繁多的 PLC 系列中，十分容易地选出高性价比产品。与传统的继电器-接触器控制系统相比，PLC 用软件实现了对大量中间继电器、时间继电器和计数器的替代，安装接线大量减少。PLC 自带的软件仿真功能使得用户可以在实验室中进行程序调试，通过调试仿真再将程序移植到现场，大大地缩短了技术人员的程序开发周期。由于其本身的事故率比较低，还能够进行系统的自我诊查和功能显示，当内部或外设的输入单元和执行部分出现错误时，可依照 PLC 面板上面的 LED 显示或软件提供的出错代码快速处理，若是 PLC 硬件出现故障，通过采取替换单元模板可以轻松实现维修。

4. 功能强，通用性好

现代生产工艺最新技术的综合运用、计算机通信和电子技术的成熟，加上软硬件的快速发展，使 PLC 具备了强大的信息和数据输出处理能力。为满足用户不断变化的控制现场需要，涌现了各种通信模块，如温度控制、计数处理以及各类数模转换单元模块等。PLC 与上位机之间以及 PLC 与 PLC 之间的通信功能也在不断提高，现代的 PLC 具有很强的逻辑运算功能和 A/D、D/A 转换、数据处理能力，不仅可以完成单机的控制、一条线的控制，还可以控制一个系统、多条生产线等。随着可编程控制器技术的成熟，其控制规模和应用的领域也在不断扩大。多种类的编程设计语言，以及软件替换硬件控制的可编程控制器使 PLC 迅速成长为生产现场控制中的一种行业适用的

标准化器件，可以实现对不同控制对象的各种控制要求。

5. 设计周期短，成功率高

工业设计和工业控制对象通常包括各种液压、机械、气动和电气控制部分，开发起来比较困难，风险也较大，而 PLC 是理想的工业控制机，以其为核心开发的控制装置和控制系统具有开发周期短、成功率高等优点。其原因主要有两个：第一，根据控制需要，合理选择模块组成控制系统即可，无须大量的硬件配置和管理软件的二次开发。第二，灵活的软件控制方式可以方便地通过模拟调试和仿真测试，保证现场控制的调试能够一次成功。

6. 体积小，重量较轻，功耗超低

因为 PLC 采用的是半导体型高度集成的电路，具有占用空间小、产品轻型化、节能低耗的特点，是工业制造领域理想的程序执行器。例如：MTSUBISHI 产品系列中的 FX2-40M 可供我们应用的内部软继电器就达到了 1 540 个，还有很多被用来形成用户环境的数据寄存器（数量在 50 000 个以上），而其外形尺寸仅为 35mm×92mm×87mm，重量仅为 1.5kg。最新推出的 FX2N 增强功能小型 PLC 内，供编程使用的各类软继电器达 3 564 个、状态器 1 000 个、定时器 256 个、数据寄存器 8 766 个，而其体积仅为 FX2N 的一半，常规的继电器控制器是根本无法与之相比的。

（三）PLC 的分类

可编程控制器产品的种类很多，一般可以按照它的结构形式、输入/输出点数进行分类。

1. 按结构形式分类

按结构形式的不同，PLC 可分为整体式和模块式两种结构形式。

（1）整体式 PLC。它又称单元式 PLC 或箱体式 PLC，其特点是结构紧凑、体积小、重量轻、价格低。整体式 PLC 的外观如图 4 - 24 所示。

图 4 - 24　整体式 PLC 的外观

（2）模块式 PLC。它是将各部分以单独的模块分开，形成独立的单元，使用时可将这些单元模块分别插入机架底板的插座上。其特点是组装灵活，便于扩展，维修方便，可根据要求配置不同模块以构成不同的控制系统。一般大、中型 PLC 都采用模块式结构，有的小型 PLC 也采用这种结构。主基板和模块式 PLC 的外观如图 4 - 25 所示。

主基板　　　　　　　模块式PLC

图 4 - 25　主基板和模块式 PLC 的外观

2. 按输入/输出点数分类

按输入/输出点数（I/O 点数）的不同，PLC 可分为微型、微小型、小型、中型、大型、超大型等类型。

（1）I/O 点数小于 32 为微型 PLC。

（2）I/O 点数在 32～128 为微小型 PLC。

（3）I/O 点数在 128～256 为小型 PLC。

（4）I/O 点数在 256～1 024 为中型 PLC。

（5）I/O 点数在 1 024～4 000 为大型 PLC。

（6）I/O 点数在 4 000 以上为超大型 PLC。

以上划分不包括模拟量 I/O 点数，且划分界限不是固定不变的。不同的厂家也有其不同的分类方法。

（四）PLC 的应用领域及性能

1. PLC 的应用领域

PLC 在国内外已广泛应用于钢铁、采矿、石化、电力、机械制造、汽车制造、环保及娱乐等各行各业。其应用大致可分为以下几种类型：

（1）逻辑开关和顺序控制。

这是 PLC 最基本、最广泛的应用领域，它可以取代传统的继电器电路，实现逻辑控制、顺序控制，既可用于单台设备的控制，也可用于多机群控及自动化流水线。如：机床电气、电机控制、高炉上料、电梯控制等。

（2）机械位移控制。

机械位移控制是指 PLC 使用专用的位移控制模块来驱动和控制步进电机或伺服电机，实现对机械构件的运动控制。世界上各主要 PLC 厂家的产品几乎都有运动控制功能，广泛用于各种机械手、数控机床、机器人、电梯等场合。

（3）数据处理。

现代 PLC 具有数学运算（含矩阵运算、函数运算、逻辑运算）、数据传送、数据转换、排序、查表、位操作等功能，可以完成数据的采集、分析及处理。可以将这些数据与存储在存储器中的参考值进行比较，完成一定的控制操作，也可以利用通信功能传送到别的智能装置，或将它们打印制表。数据处理一般用于大型控制系统，如无人控制的柔性制造系统；也可用于过程控制系统，如造纸、冶金、食品工业中的一些大型控制系统。

（4）模拟量的控制。

PLC 具有 D/A、A/D 转换及算术运算功能，可实现模拟量控制。现在大型的 PLC 都配有 PID（比例、积分、微分）子程序或 PID 模块，可实现单回路、多回路的调节控制。

（5）组成多级控制系统，实现工厂自动化网络。

PLC 通信含 PLC 间的通信及 PLC 与其他智能设备间的通信。随着计算机控制的发展，工厂自动化网络发展很快，各 PLC 厂商都十分重视 PLC 的通信功能，纷纷推出各自的网络系统。现在生产的 PLC 都具有通信接口，通信非常方便，可以实现对整个生产过程的信息控制和管理。

2. PLC 的性能

各 PLC 生产厂家产品的型号、规格和性能各不相同，通常可以按照以下七种性能指标来进行综合描述：

（1）I/O 点数。

I/O 点数是指 PLC 输入信号和输出信号的数量，也就是输入、输出端子数的总和。

（2）存储容量。

存储容量是指 PLC 中用户程序存储器的容量，也就是用户 RAM 的存储容量。注意："内存容量"实际是指用户程序容量，它不包括系统程序存储器的容量。程序容量与最大 I/O 点数大体成正比。

（3）扫描速度。

扫描速度一般指执行一步指令的时间，单位为 us/步。有时也以执行 1 000 步指令的时间计，其单位为 ms/千步。PLC 用户手册一般给出执行各条指令所用的时间，可以通过比较各种 PLC 执行相同操作所用的时间，来衡量扫描速度的快慢。

（4）编程语言与指令系统。

PLC 的编程语言一般有梯形图、助记符、SFC（Sequential Function Chart）以及高级语言等。

（5）内部寄存器。

PLC 内部有许多辅助寄存器给用户提供特殊功能，以简化整个系统设计。内部寄存器的种类多少、容量大小和配置情况是衡量 PLC 硬件功能的一个主要指标。

（6）功能模块。

PLC 常用的功能模块有：A/D 和 D/A 转换模块、高速计数模块、位置控制模块、速度控制模块、轴定位模块、温度控制模块、远程通信模块、高级语言编辑模块以及各种物理量转换模块等。

（7）可扩展能力。

PLC 的可扩展能力主要包括 I/O 点数的扩展、存储容量的扩展、联网功能的扩展和各种功能模块的扩展等。在选择 PLC 时，经常需要考虑到 PLC 的可扩展性。

（五）PLC 的工作原理

源于传统继电控制系统的 PLC，其编程语言——梯形图程序（LAD）与普通继电器控制系统的电路十分相似，部分编程软元件还保留着继电器这一名称，如：输入、输出继电器等。

在功能控制上，PLC 这种内部的"软继电器"与传统的继电器控制系统的物理继电器十分相似。为了更好地理解 PLC 的工作原理，我们首先要了解物理继电器内部的结构和工作原理。

1. 继电器电路原理

PLC 可以看作由继电器（R）、计数器（C）、定时器（T）等组成的电气化程序操作单元。需要指出的是，PLC 内部的继电器又称软继电器，实际上是指存储器中的存储单元。PLC 内部的逻辑输出，决定了其内部软继电器的通断情况，驱动触点动作，其相应的线圈及触头符号如图 4-26 所示。

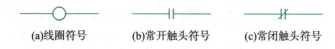

(a)线圈符号　　　　(b)常开触头符号　　　　(c)常闭触头符号

图 4-26　软继电器的线圈及触头符号

（1）工作原理。

以连续运行电路为例，运用 PLC 执行程序控制，其外部继电控制线路及内部等效电路如图 4-27 所示，可将 PLC 分成三部分：输入部分、内部控制电路和输出部分。

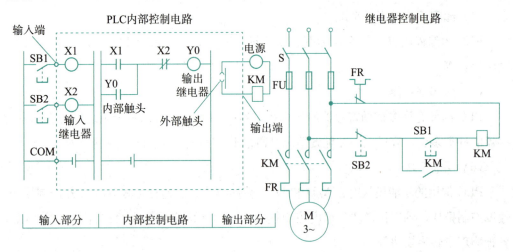

图 4-27　继电器控制电路与 PLC 等效电路

（2）输入部分。

输入部分主要由信号接入端和其对应的软继电器构成，软继电器由信号接入端的外置指令驱动。

（3）内部控制电路。

内部控制电路主要由 CPU 单元和内部存储区构成，通过设备生产商的进一步处理，为使用者供给相关内部软元件，里面包含了计数器（C）、定时器（T）以及继电控制器单元等。

（4）输出部分。

程序的输出，就是要使控制对象按预设的目标轨迹运行，与各条输出控制线路相匹配的继电控制器，通常由开放的常开触头与输出端连接，剩下的是 PLC 的内部控制触头。内部的输出继电控制器被复位时，其外部的常开型触头被接通，驱动输出端外部的元件执行接通电源的工作。

（5）梯形图。

梯形图实际是根据目标对象的控制要求，由使用者设计的一种编程语言，与 PLC 里面的接线图十分相似，设计好的程序写进 PLC 内部时，便可按程序要求执行相关动作。

2. 执行程序工作原理

（1）PLC 基本工作模式。

PLC 基本工作模式有运行模式和停止模式，如图 4-28 所示。

图 4 - 28　PLC 基本工作模式

1）运行模式。PLC 运行模式主要分为内部处理、通信服务、输入处理、程序执行和输出处理五个阶段。

2）停止模式。当 PLC 处于停止模式时，除了内部处理和通信服务等能正常工作外，其余的程序执行服务将会被中止。

（2）PLC 工作过程。

1）内部处理阶段：这一阶段完成的工作主要包括复位监视定时器，以及检查 CPU 模块相关硬件的工作状态是否正常等。

2）通信服务阶段：负责与智能模块的通信、响应输入的编程指令等，当 PLC 处于停止状态时，只负责内容的处理及相关的通信操作等。

3）输入处理阶段：也称输入采样阶段。全部输入端的通断情况在此阶段将会被顺序读取且信息将被存储到输入映像寄存器中。此时，输入映像寄存器被刷新。

4）程序执行阶段：PLC 的程序执行按照"先上再下，先左再右"的顺序逐句扫描，依照映像寄存器的采样结果进行运算，并将结果存入相关映像寄存器中。

5）输出处理阶段：程序执行的目标是驱动控制对象动作，程序处理完成之后，所有输出映像寄存器各点的状态将转存至输出锁存器中，最后由输出端驱动控制对象。

可编程控制器常规性运行时，将重复执行上面五个过程，这称作循环扫描的工作方式。程序运行的一个时间周期称为扫描周期，它是衡量 PLC 性能指标的一个重要参数，一般为十几毫秒到几十毫秒不等。

（3）PLC 控制较传统的继电器控制的优点。

1）PLC 控制系统结构紧凑。

2）PLC 内部大部分采用"软"逻辑。

3）PLC 控制功能改变极其方便。

4）PLC 控制系统制造周期短。

此外，由于 PLC 技术是从计算机控制的基础上发展而来的，因此，它在软硬件设置上有着传统的继电器-接触器控制无法比拟的优势，工作可靠性极高。

二、西门子 S7-1200 概述

西门子提供了满足多种自动化控制需求的 PLC 产品，新一代的 SIMATIC PLC 产品系列丰富，包括基础系列（SIMATIC S7-1200）、高级系列（SIMATIC S7-1500）。其基础系列 S7-1200 是一款紧凑型、模块化的 PLC，可完成简单逻辑控制、高级逻辑控制、人机界面（HMI）和网络通信等任务，是单机小型自动化系统的完美解决方案；对于需要网络通信功能和单屏或多屏 HMI 的自动化系统，易于设计和实施；具有支持小型运动控制系统、过程控制系统的高级应用功能。

（一）西门子 S7-1200 的结构

S7-1200 硬件组成如图 4 - 29 所示。

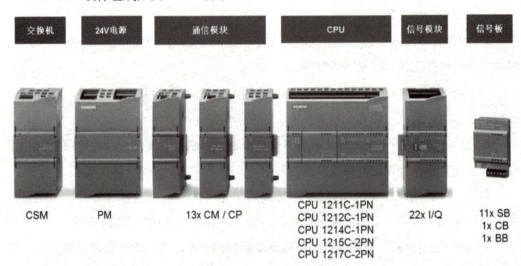

图 4 - 29 S7-1200 硬件组成

1. CPU 模块

S7-1200 CPU 模块将微处理器、电源、数字量输入/输出电路、模拟量输入/输出电路、存储区和 PROFINET 接口集成到一个设计紧凑的外壳中。S7-1200 有五种不同的 CPU 模块，分别为 CPU 1211C、CPU 1212C 、CPU 1214C、CPU 1215C 和 CPU 1217C。

2. 信号模块

信号模块（Signal Model，SM）安装在 PLC 的右侧。使用信号模块，可以增加数字量输入/输出和模拟量输入/输出的点数，实现对外部信号的采集和对外部对象的控制。

3. 信号板

信号板（Signal Board，SB）直接安装在 CPU 的正面插槽中，不会增加安装的空间。使用信号板，可以增加 PLC 的数字量和模拟量的 I/O 点数。每个 CPU 只能安装一块信号板。

4. 通信模块

通信模块（Communication Model，CM）安装在 PLC 的左侧，S7-1200 PLC 最多可以安装 3 个通信模块，如点对点通信模块、PROFIBUS 通信模块、工业远程通信 GPRS 模块、AS-i 接口模块和 IO-Link 模块等，通过博图 STEP7 软件提供的相关通信指令，实现与外部设备的数据交互。

5. 通信板

S7-1200 的通信板直接安装在 CPU 的正面插槽中，只有 CB1241 RS485 一种型号，支持 Modbus RTU 和点对点等通信连接。

（二）西门子 S7-1200 的开发环境和主要工具

1. 博图软件

博图软件主要包括 STEP 7、WinCC 和 StartDrive 三款软件。

博图 STEP 7 是用于组态 SIMATIC S7-1200、S7-1500、S7-300/400 和 WinAC 控制器系列的工程组态软件。博图 STEP 7 有 Basic 和 Professional 两种版本：

（1）博图 STEP 7 Basic 版，用于组态 S7-1200。

（2）博图 STEP 7 Professional 版，用于组态 S7-1200、S7-1500、S7-300/400 和软件控制器。

博图 WinCC 是组态 SIMATIC 面板、WinCC Runtime 和 SCADA 系统的可视化软件，还可以组态 SIMATIC 工业 PC 和标准 PC。博图 WinCC 有 4 种版本：

（1）博图 WinCC Basic 版，用于组态精简面板，WinCC Basic 已经包含在每款 STEP 7 Basic 和 STEP 7 Professional 产品中。

（2）博图 WinCC Comfort 版，用于组态所有面板，包括精简面板、精智面板和移动面板。

（3）博图 WinCC Advanced 版，用于组态所有面板，以及运行 WinCC Runtime 高

级版的 PC。

（4）博图 WinCC Professional 版，用于组态所有面板，以及运行 WinCC Runtime 高级版和专业版的 PC。

2. 博图软件应用实例

利用 PLC 程序对电机实现启停控制。

图 4-30 所示为 PLC 控制电机启停的电路接线图。按下启动按钮，电机启动运行；按下停止按钮，电机停止运行。

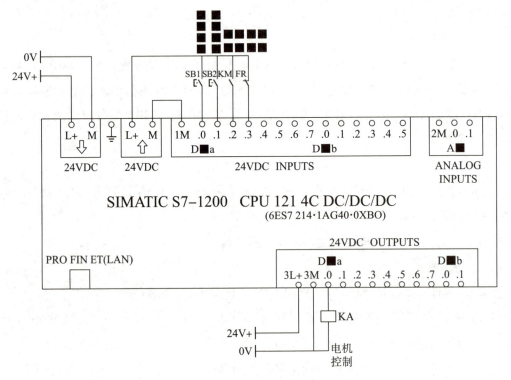

图 4-30　S7-1200 控制电机启停的电路接线图

其硬件组成如下：

（1）CPU 1214C DC/DC/DC，1 台，订货号：6ES7 214-1AG40-0XB0。

（2）编程电脑 1 台，已安装博图软件。

1）I/O 分配表（如表 4-1 所示）。

表 4-1　I/O 分配表

输入	输出
启动按钮：SB1：I 0.0	控制 KA：Q 0.0
停止按钮：SB2：I 0.1	

2）PLC 的程序设计，如图 4 - 31 所示。

图 4 - 31　PLC 的程序设计

3）利用博图软件进行程序编写。

第一步：打开博图软件。双击桌面▦图标，出现 Portal 启动界面，如图 4 - 32 所示。

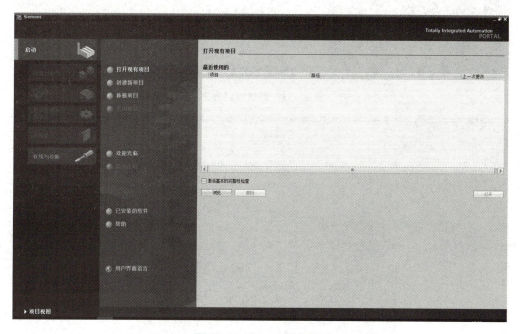

图 4 - 32　Portal 启动界面

第二步：新建项目及组态 S7-1200 CPU。在 Portal 启动界面中，单击"创建新项目"按钮，并输入项目名称（电机的"启、保、停"程序设计与调试应用实例）、路径和作者等信息，如图 4 - 33 所示，然后单击"创建"即可生成新项目。

单击左下角的"项目视图"按钮，进入项目视图界面。在项目视图左侧的项目树中，双击"添加新设备"，弹出"添加新设备"对话框，如图 4 - 34 所示；在对话框中选择 CPU 型号和版本号（必须与实际设备相匹配），然后单击"确定"按钮。

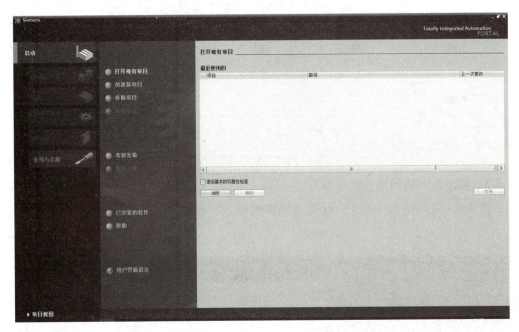

图 4-33 新建项目界面

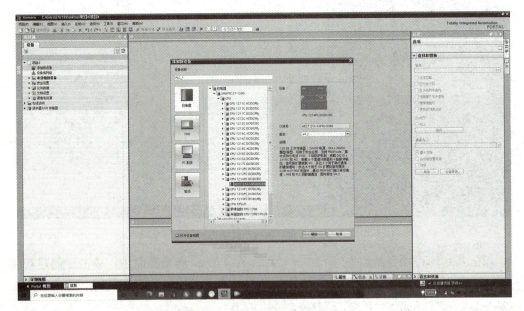

图 4-34 "添加新设备"对话框

第三步：修改 CPU 属性。在项目树中，选择"PLC_1 [CPU 1214C DC/DC/ DC]"，双击"设备组态"，在"设备视图"的工作区中，选中 PLC_1，在其巡视窗口的"属性"→"常规"选项卡中，选择"PROFINET 接口 [X1]"→"以太网地址"，修改 CPU 以太网 IP 地址。如图 4-35 所示。

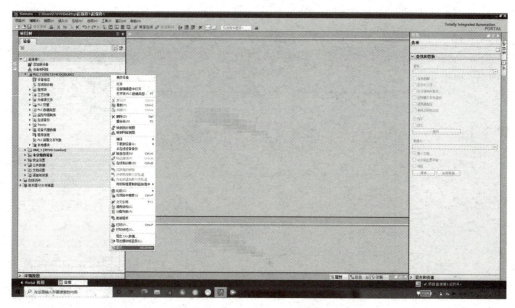

图 4 - 35　修改 CPU 属性

第四步：新建变量表。为了方便程序的编写和阅读，根据图 4 - 30（S7-1200 控制电机启停的电路接线图）进行变量定义。在项目树中，选择" PLC _ 1 ［CPU 1214C DC/DC/DC］"→"PLC 变 量"，双击"添加新变量表"，并命名变量表为"PLC 变量表"，添加变量完成后如图 4 - 36 所示。

PLC变量表

		名称	数据类型	地址	保持
1		启动按钮	Bool	%I0.0	☐
2		停止按钮	Bool	%I0.1	☐
3		运行状态反馈	Bool	%I0.2	☐
4		故障状态反馈	Bool	%I0.3	☐
5		电机控制	Bool	%Q0.0	☐

图 4 - 36　PLC 变量表

第五步：编写 PLC 程序。在项目树中，选择" PLC _ 1 ［CPU 1214C DC/DC/DC］"→" 程序块"，双击"Main【OB1】"，进入程序编辑器，可以进行程序的编写。在程序编辑器的右侧，通过"指令"任务卡可以很容易地访问需要使用的指令，这些指令按功能分为多个不同的选项区，如基本指令、扩展指令和工艺等，如图 4 - 37 所示。

第六步：程序编译。在将程序下载到 PLC 之前，需要先对程序进行编译，单击菜单栏的"编辑"→"编译"对程序进行编译，或者单击工具栏的编译图标，编译信息如图 4 - 38 所示。

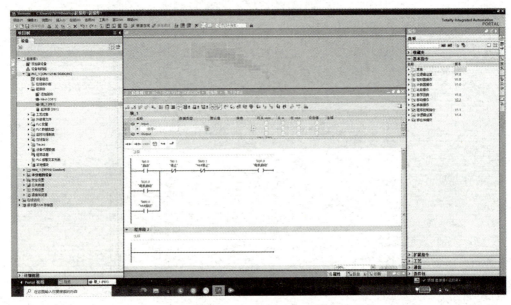

图 4-37 程序编写界面

路径	说明	转至	?	错误	警告	时间
▼ PLC_1		↗		0	0	15:02:20
硬件配置		↗		0	0	15:02:20
	硬件未编译。组态为最新。		?			15:02:23
程序块		↗		0	0	15:02:23
	未编译任何块。所有块都是最新版本的。					15:02:23
	编译完成（错误：0；警告：0）					15:02:24

图 4-38 编译信息

第七步：下载程序。从编译信息框中看到无错误提示后，即可下载程序。单击菜单栏的"在线"→"扩展下载到设备"，会弹出"扩展下载到设备"对话框，如图 4-39 所示。在"扩展下载到设备"对话框中，设置 PG/PC 接口的类型为"PN/IE"；设置 PG/PC 接口为"以太网网卡名称"；设置选择目标设备为"显示所有兼容设备"。然后单击"开始搜索"按钮，将搜索到已连接的 PLC，然后选中目标 PLC，并单击"下载"按钮。

第八步：程序监控。单击"在线"→"转至在线"或者单击工具栏的 转至在线 图标，即可转为在线。转为在线后，项目树一行就会显示为黄色，项目树中其他选项以不同的颜色进行标识，如图 4-40 所示。出现绿色的 和 图标表示正常，否则必须进行诊断或重新下载。

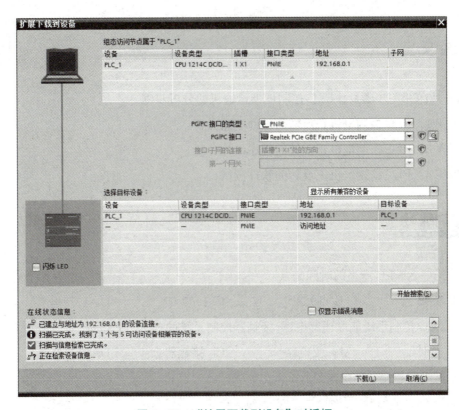

图 4 - 39　"扩展下载到设备"对话框

图 4 - 40　选择"转至在线"进入在线监控

任务实施

【作业的相关步骤】 PLC 控制皮带运输机的分析步骤

步骤 1：PLC 控制电机正反转的硬件电路分析。

步骤 2：PLC 控制电机正反转的程序设计分析。

步骤 3：PLC 控制电机正反转的软件调试。

实训练习

1. 第一台 PLC 产生的时间是（   ）。

A. 1967 年　　　　　B. 1968 年　　　　　C. 1969 年　　　　　D. 1970 年

2. PLC 控制系统能取代继电器-接触器控制系统的（   ）部分。

A. 整体　　　　　B. 主电路　　　　　C. 接触器　　　　　D. 控制电路

3. 可编程控制器的定义是什么？

4. PLC 是如何分类的？

5. PLC 与继电器-接触器控制相比有哪些优点？

6. 西门子 S7-1200PLC 是由哪些部分组成的？

7. 以利用 PLC 程序对电机进行启停控制为例，简述使用博图软件进行程序编写的步骤。

任务三　监控组态技术

任务引入

组态软件 HMI（Human and Machine Interface）/MMI（Man and Machine Interface）/SCADA（Supervisory Control and Data Acquisition）是一些数据采集与过程控制的专用软件，它们是自动控制系统监控层一级的软件平台和开发环境，能以灵活多样的组态方式（而不是编程方式）提供良好的用户开发界面和简便的使用方法，其预设置的各种软件模块可以非常容易地实现和完成监控层的各项功能，并能同时支持各种硬件厂家的计算机和 I/O 设备，与高可靠的工控计算机和网络系统结合，可向控制层和管理层提供软、硬件的全部接口，进行系统集成。

触摸屏，又称人机界面（Human Machine Interface，HMI）。触摸屏已经广泛应用于工业控制现场，常与 PLC 配套使用，可以通过触摸屏对 PLC 进行参数设置、数据显示以及用曲线、动画等形式描述自动化控制过程。

西门子触摸屏产品主要分为精简触摸屏、精智触摸屏和移动触摸屏。精简触摸屏（如图 4-41 所示）是面向基本应用的触摸屏，适合与 S7-1200 PLC 配合使用，可以通过博图 WinCC 进行组态。

图 4-41 西门子精简触摸屏

本任务要求在西门子精简触摸屏 KTP700 上制作"启动按钮""停止按钮""指示灯状态""延时时间设置"。在"延时时间设置"中输入延时启动时间。按下触摸屏启动按钮，当延时时间到达时，触摸屏指示灯点亮；按下触摸屏停止按钮，触摸屏指示灯熄灭。

○任务分析

现代计算机监控系统的功能越来越强，除了基本的数据采集和控制功能外，还能进行故障诊断、数据分析、报表的形成和打印、与管理层的数据交换，并且能为操作人员提供灵活方便的人机界面。

在物流自动化系统中，要采集控制系统的实时运行数据，监视系统的行为，实现报警功能手工干预系统行为或改变控制系统设定点，就要用到组态软件，对监控画面进行灵活配置和修改。

监控组态软件不是完整的控制系统，而是设置于控制设备之上，侧重于管理的纯软件。它所接的控制设备通常是 PLC（可编程控制器），也可以是智能表、板卡等。

一、 组态软件概述

"组态"的概念来自英文 Configuration，其含义是使用软件工具对计算机硬件及软件的各种资源进行配置，使其达到设计要求，满足用户需要。也就是通过对软件采用非编程的操作方式进行参数填写、图形连接和文件生成等，使得软件乃至整个系统具有某种指定的功能。

开发商事先开发好一套具有一定通用性的软件开发平台，生产若干种规格的硬件模块（如 I/O 模块、通信模块、控制模块），然后根据用户的要求在软件平台上进行二次开发以及硬件模块的连接，这种软件的二次开发工作就称为"组态"，相应的软件开发平台就称为"监控组态软件"，简称"组态软件"。

（一）组态软件的发展和现状

世界上第一个把组态软件作为商品进行开发、销售的专业软件公司是美国 Wonderware 公司，它于 20 世纪 80 年代末率先推出第一个商品化监控组态软件 Intouch。此后组态软件得到了迅猛发展。目前世界上的组态软件有几十种之多，国际上较知名的监控组态软件有：Fix、Intouch、WinCC、LabView、Citech 等。1995 年以后组态软件在国内的应用逐渐得到了普及。

（二）组态软件的特点

（1）使用简单，用户只需编写少量自己所需的控制算法代码，甚至可以不写代码。

（2）运行可靠。

（3）提供数据采集设备的驱动程序。

（4）提供自动化应用系统所需的组件。

（5）提供强大的图形设计工具。

二、博图软件中 HMI 的使用

建立一个用于触摸屏的可视化监控系统，通常需要以下几个步骤：

第一步：组态触摸屏，创建网络连接，运行系统设置。

打开建立的项目文件，进入项目视图，在左侧的项目树中，双击"添加新设备"，随即弹出"添加新设备"对话框。在此对话框中选择触摸屏型号和版本号（必须与实际设备相匹配），然后单击"确定"按钮，如图 4 - 42 所示。

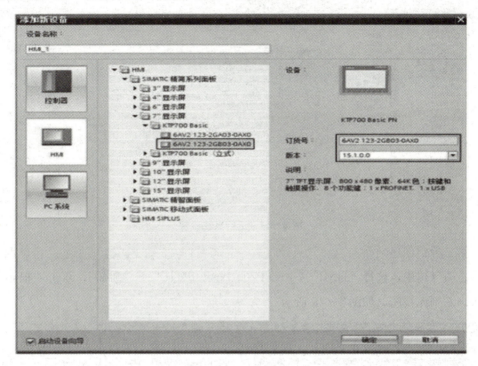

图 4 - 42　组态触摸屏

在项目树中，选择"设备和网络"，在网络视图中，单击"连接"按钮，在"连接"的下拉列表中选择"HMI 连接"，用鼠标点中 PLC _ 1 的 PROFINET 通信口的绿色小方框，然后拖拽出一条线，到 HMI _ 1 的 PROFINET 通信口的绿色小方框上，然后松开鼠标，连接就建立起来了。如图 4 - 43 所示。

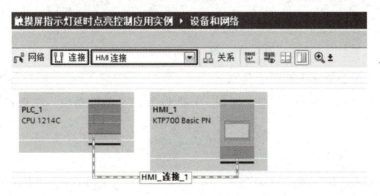

图 4 - 43　创建网络连接

双击项目树中 HMI 下的运行系统设置，进入系统设置界面，如图 4 - 44 所示。设置起始画面、画面模板、颜色深度等。

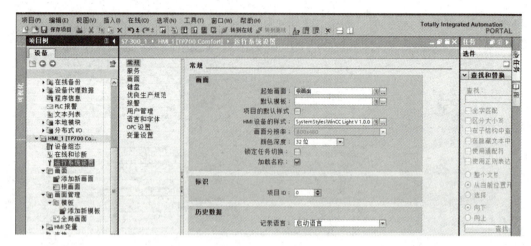

图 4 - 44　运行系统设置

第二步：创建画面。

在项目树中，选择"HMI_1 [KTP700 Basic PN]"→"画面"，双击"根画面"进入画面制作视图，如图 4 - 45 所示。

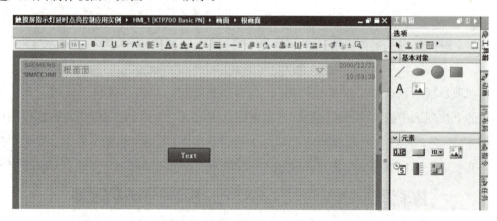

图 4 - 45　画面制作视图

第三步：组态画面中的图形对象。

文本框、圆形、方形、线条、按钮、I/O 域等都是图形对象。图形对象分为静态和动态两类。

第四步：仿真调试。

触摸屏画面制作完成后（如图 4 - 46 所示），可以下载到触摸屏和 PLC 中进行测试。编写完 PLC 和触摸屏程序后，如果没有硬件设备，可以通过仿真软件验证 PLC 程序和触摸屏画面，博图仿真软件主要包括 PLC 仿真软件和触摸屏仿真软件。

PLC 仿真软件是一个独立软件，需要安装才能使用，软件名称为 S7-PLCSIM。操

图 4 - 46　制作好的组态画面

作步骤如下：

首先，打开 PLC 项目。打开已建立的项目文件，进入项目视图，启动 PLC 仿真软件，如图 4 - 47 所示。

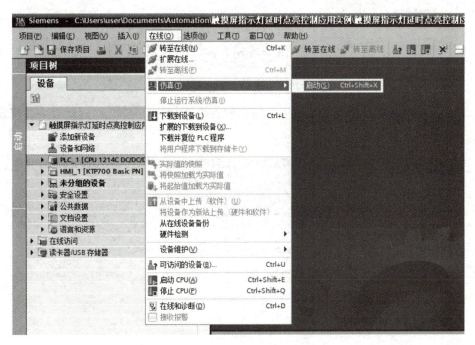

图 4 - 47　启动 PLC 仿真软件

其次，下载 PLC 程序到仿真软件。选择菜单栏"在线"→"扩展的下载到设备"，单击"开始搜索"按钮，找到仿真 PLC。选中仿真的 PLC，单击"下载"按钮，PLC 程序就下载到 PLC 仿真软件中了，如图 4 - 48 所示。

再次，PLC 程序在线监控。单击"启动仿真"按钮，打开触摸屏仿真软件，直接

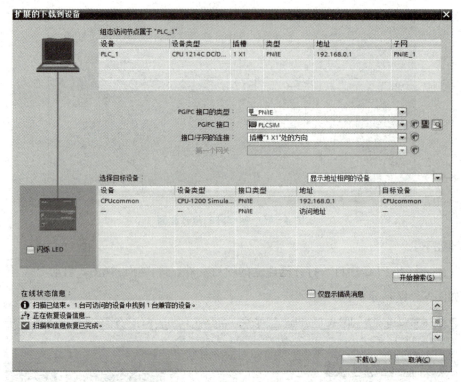

图 4 - 48　下载 PLC 程序到仿真软件

进入画面运行状态，如图 4 - 49 所示。仿真的触摸屏与仿真的 PLC 链接成功，按钮和参数设置等操作和真实的设备一样。

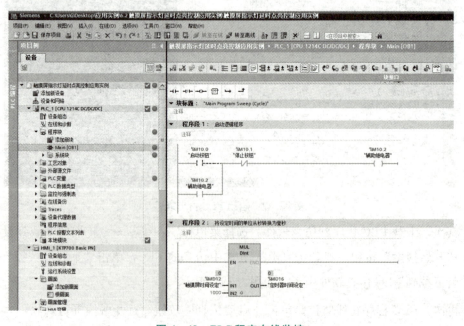

图 4 - 49　PLC 程序在线监控

触摸屏仿真软件已经集成到博图 WinCC 中，不需要安装。操作步骤如下：

首先，打开项目。打开项目文件，进入项目视图。

其次，启动触摸屏仿真软件。在项目树中，选中 " HMI ＿ 1〔KTP700 Basic PN〕"，单击工具栏 "启动仿真" 按钮。单击 "启动仿真" 按钮，打开触摸屏仿真软件，直接进入画面运行状态，如图 4 - 50 所示。仿真的触摸屏与仿真的 PLC 链接成功，按钮和参数设置等操作和真实的设备一样。

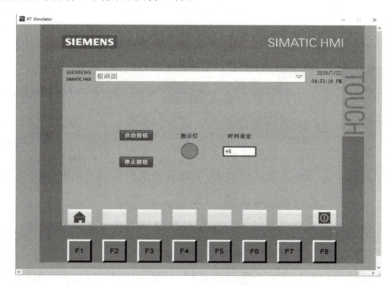

图 4 - 50　触摸屏仿真画面

○任务实施

【作业的相关步骤】　建立用于触摸屏的可视化监控系统的步骤

步骤 1：组态触摸屏，创建网络连接，运行系统设置。

步骤 2：创建画面。

步骤 3：组态画面中的图形对象。

步骤 4：仿真调试。

■ 实训练习

1. 什么是组态监控？

2. 组态软件的特点是什么？

任务四　现场总线技术

○ 任务引入

近年来，现场总线技术在物流自动化领域得到广泛应用，它使自动化系统从集中式控制逐渐转向分布式控制。

在传统的控制技术中，控制器的输入/输出板中的信号与现场变送器/执行器的连接往往采用并联的方法，随着物流设备的大型化、复杂化，连接的距离以及连接的节点不断增加，给现场的安装、调试带来了很大的不便，工程费用也大大增加。针对这种情况，必须采用串联传输方法，来实现控制器和现场信号之间的联系，这就是将通信技术应用于工业领域的现场总线思想。

随着信息技术的快速发展，工业自动化系统结构发生了深刻的变革，信息交换的范围覆盖了上层的管理、控制以及现场生产设备的各个层次，形成了全分布式的网络集成自动化系统和以此为基础的企业信息系统。PROFINET 作为一种创新的、开放的工业以太网标准，它能够满足自动化技术的所有要求，可以为物流自动化系统提供完整的解决方案。目前 PROFINET 已应用于各物流自动化系统中，效果良好。

○ 任务分析

一、现场总线的定义与特点

现场总线是一种连接智能现场设备和自动化系统的全数字化、双向传输、多分支结构的串行通信网络。国际电工委员会 IE6C1158 标准将其定义为"安装在制造和过程区域的现场装置与控制室内的自动控制装置之间的数字式、串行、多点通信的数据总线"。

现场总线控制系统（FCS）是由 PLC 和分散控制系统（DCS）发展而来的。现场控制总线以测量控制仪表及执行机构等设备作为网络节点，以双绞线等传输介质作为纽带，把位于生产现场具有数字计算和数字通信能力的测量与控制设备连接成网络系统，运用规定的通信协议，在多个测量控制设备之间以及现场设备与远程监控计算机之间，实现数据传输与信息交换，形成适应各种应用需要的自动控制系统。

现场总线系统主要具有以下特点。

（一）系统的开放性

现场总线系统对相关标准具有一致性、公开性，强调对标准的共识与遵从。通信协议一致公开，各不同厂家的设备之间可实现信息交换，通过现场总线可构筑自动化领域的开放互联系统。

（二）互操作性和互用性

系统的开放性决定了它具有互操作性和互用性。互操作性指互联设备间、系统间可以进行信息传送与沟通；互用性则意味着不同生产厂家性能类似的设备可实现相互替换。

（三）现场设备的智能化和功能自治性

现场总线将传感测量、补偿计算、工程量处理与控制等功能分散到现场设备中完成，仅靠现场设备即可完成自动控制的基本功能，并可随时诊断设备的运行状态。

（四）系统结构的高度分散性

现场总线构成了一种新的全分散型控制系统的体系结构，从根本上改变了现有DCS集中与分散相结合的集散控制系统体系，简化了系统结构，提高了可靠性。

（五）对现场环境的适应性

作为工厂网络底层的现场总线对现场环境有较强的适应性，是专门为现场环境设计的。它支持双绞线、同轴电缆、光缆、无线和电力线等，具有较强的抗干扰能力，能采用两线制实现供电与通信，并可满足本质安全防爆要求。

二、　现场总线控制系统结构

现场总线控制系统打破了传统控制系统的结构形式。传统模拟控制系统采用一对一的设备连接，按控制回路分别进行连接。位于现场的测量变送器与位于控制室的控制器之间，以及控制器与位于现场的执行器、开关、马达之间均为一对一的物理连接。DCS系统虽然在一定程度上实现了分散控制，但并不是彻底的分散，控制功能是通过各个集中的过程控制站如 PLC 来完成的，许多方面的性能与 FCS 相比有较大的差距。

现场总线将专用微处理器和原先 DCS 系统中处于控制室的控制模块、各输入输出模块置入现场设备，使之各自具有数字计算和数字通信能力，采用可进行简单连接的双绞线等作为总线，把多个测量控制仪表连接成网络系统，并按公开、规范的通信协议，使位于现场的多个微机化测量控制设备之间以及现场仪表与远程监控计算机之间，实现数据传输与信息交换，形成各种适应实际需要的自动控制系统。

在 FCS 系统中，遵循一定现场总线协议的现场仪表可以组成控制回路，使控制站的部分控制功能下移分散到各个现场仪表中，从而减轻控制站负担，使得控制站可以专注于执行复杂的高层次的控制算法。对于简单的控制应用，甚至可以把控制站取消，在控制站的位置代之以起连接现场总线作用的网桥和集线器，操作站直接与现场仪表相连，构成分布式控制系统。因而控制系统功能能够不依赖控制室的计算机或控制仪表，直接在现场完成，实现彻底的分散控制。传统控制系统与现场总线控制系统结构的对比如图 4 - 51 所示。

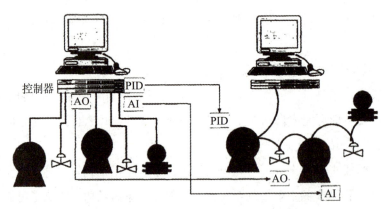

图 4 - 51　传统控制系统与现场总线控制系统结构的对比

三、常见的几种现场总线技术

自 20 世纪 80 年代末以来，有几种现场总线技术已逐渐形成影响并在一些特定的应用领域显示了自己的优势。它们具有各自的特点，也显示了较强的生命力，对现场总线技术的发展发挥了较大的作用。

（一）基金会现场总线（FF）

基金会现场总线（Foundation Fieldbus，FF）是在过程自动化领域得到广泛支持并具有良好发展前景的一种技术。其前身是以美国 Fisher-Rosemount 公司为首，联合 Foxboro、横河、ABB、西门子等 80 家公司制定的 ISP 协议和以霍尼韦尔（Honeywell）公司为首，联合欧洲等地的 150 家公司制定的 WorldFIP 协议。这两大集团于 1994 年 9 月合并，成立了现场总线基金会，致力于开发出国际上统一的现场总线协议。

基金会现场总线分为 H1 和 H2 两种通信速率。H1 的传输速率为 31.25kbps，通信距离可达 1.9km，可支持总线供电和本质安全防爆环境。H2 的传输速率分为 1MbpS 和 2.5Mbps 两种，通信距离为 750m 和 500m。物理传输介质可为双绞线、光缆和无线，其传输信号采用曼彻斯特编码。

基金会现场总线以 ISO/OSI 开放系统互连模型为基础，取其物理层、数据链路层、应用层为 FF 通信模型的相应层次，并在应用层上增加了用户层。用户层主要针对自动化测控应用的需要，定义了信息存取的统一规则，采用设备描述语言规定了通用的功能块集。FF 总线包括 FF 通信协议，用于完成开放互联系统模型中的 2~7 层通信协议的通信栈，用于描述设备特性及操作接口的 DDL 设备描述语言、设备描述字典，用于实现测量、控制、工程量转换等功能的应用功能块，实现系统组态管理等功能的系统软件技术以及构筑集成自动化系统、网络系统的系统集成技术。

（二）控制器局域网（CAN）总线

控制器局域网（Controller Area Network，CAN）总线最早是由德国 Bosch 公司推出的，用于汽车内部测量与执行部件之间的数据通信协议。其总线规范已被国际标准化组织采纳，成为国际标准，并且广泛应用于离散控制领域。它也是基于开放系统互连模型，但仅采用了其中的物理层、数据链路层，提高了实时性。CAN 可实现全分布式多机系统，且无主、从机之分；其节点有优先级设定，支持点对点、一点对多点、广播模式通信。各节点可随时发送消息。传输介质为双绞线，通信速率与总线长度有关。

控制器局域网总线采用短消息报文，每一帧有效字节数为 8 个，因而传输时间短，受干扰的概率低；当节点严重出错时，可自动关闭，使总线上的其他节点及其通信不受影响，抗干扰能力强，可靠性高。

（三）Lonworks 总线

Lonworks 是由美国 ECHELON 公司开发，并与 Motorola 和东芝公司共同倡导的现场总线技术。它采用了 OSI 参考模型全部的七层协议结构，被誉为通用控制网络。Lonworks 技术的核心是具备通信和控制功能的神经元芯片（Neuron 芯片）。Neuron 芯片封装了完整的 Lonworks 通信协议 LonTalk，其内部集成了三个 8 位 CPU。一个 CPU 完成 OSI 模型第一和第二层的功能，称为介质访问处理器；一个 CPU 是应用处理器，运行操作系统与用户代码；还有一个 CPU 为网络处理器，作为前两者的中介，它进行网络变量寻址、更新、路径选择、网络通信管理等。由神经元芯片构成的节点之间可以进行对等通信。

Lonworks 支持双绞线、同轴电缆、光纤、射频、红外线、电力线等多种通信介质，并支持多种拓扑结构，组网方式灵活，其 IS－78 本安物理通道使得它可以应用于危险区域。Lonworks 通信速率从 300bps 至 1.5Mbps 不等，直接通信距离可达 2 700m（78kbps）。Lonworks 应用范围主要包括楼宇自动化、工业控制等，在组建分布式监控网络方面有较优越的性能。

（四）PROFIBUS 总线

PROFIBUS（Process Fieldbus）是符合德国国家标准 DIN19245 和欧洲标准 EN50179 的现场总线，包括 PROFIBUS-DP、PROFIBUS-FMS、PROFIBUS-PA 三部分。PROFIBUS-DP 用于分散外设间的高速数据传输，适合于加工自动化领域的应用；PROFIBUS-FMS 适用于纺织、楼宇自动化、可编程控制器、低压开关等方面；PRO-FIBUS-PA 适用于过程自动化，遵从 IEC1158-2 标准。PROFIBUS 采用了 OSI 模型的物理层、数据链路层，FMS 还采用了应用层。传输速率为 9.6kbps～12Mbps，最大传输距离在 12Mbps 时为 100m，在 1.5Mbps 时为 400m，传输介质为双绞线或者光缆，可实现总线供电和本质安全防爆。PROFIBUS 支持主从方式、纯主方式、多主多从通信方式。主站对总线具有控制权，主站间通过传递令牌来传递对总线的控制权。取得控制权的主站可向从站发送、获取信息。

（五）HART 总线

HART（Highway Addressable Remote Transducer）是由 Rosemount 公司于 1986 年提出的通信协议。其特点是在现有模拟信号传输线上实现数字信号通信，属于模拟系统向数字系统转变过程中的过渡产品，使得用户可以在不对已有现场仪表进行改进的情况下，逐步实现数字化，因而在当前的过渡时期具有较强的市场竞争力，在智能仪表市场上占有很大的份额。它采用了 ISO/OSI 模型的物理层、数据链路层和应用层。HART 可采取点对点或多主通信方式，可利用总线供电，并可满足本质安全防爆要求。但 HART 的模拟数字混合信号制，导致难以开发出一种能满足各公司要求的通信接口芯片。

四、工业以太网现场总线技术

工业以太网是在以太网技术和 TCP/IP 技术的基础上开发出来的一种工业网络，其在技术上与商业以太网（IEEE 802.3 标准）兼容，是通过对商业以太网技术进行通信实时性和工业应用环境等的改进，并添加一些控制应用功能后，形成的以太网技术。

20 世纪 80 年代中期发展起来的现场总线技术，由于技术、经济乃至政治等方面的因素没有统一的标准。随着互联网技术的迅速发展与普及，工业以太网已经广泛应用于工业自动化控制现场，具有传输速度快、数据量大、便于无线连接和抗干扰能力强等特点，已成为主流的总线网络。

工业以太网具有以下优点：

（1）采用国际主流标准 TCP/IP 协议，协议开放，多数品牌的工控产品支持该协议，能够轻松实现不同厂商自动化产品的互连互通，兼容性好。

（2）可实现远程访问与故障诊断。

（3）不同的传输介质如同轴电缆、双绞线、光纤可以交互使用。

（4）通信数据传输速度快，稳定性好。

（5）系统支持冗余连接，数据安全性高，可由多条线路传送数据，某一线路出现故障时系统能自动快速切换到其他通道中进行数据传送，提高了系统的可靠性。

（6）系统安全，体系稳定可靠，不会因系统扩容增加设备而出现不可预料的故障。

五、PROFINET 现场总线概述

PROFINET 由 PROFIBUS 国际组织推出，是新一代基于工业以太网技术的自动化总线标准，是西门子 SIMATIC NET 中的一个协议，主要包括 PROFINET IO RT，CBA RT，IO IRT 等实时协议。PROFINET 通过以太网标准来连接工业控制器、现场传感器及执行器件的协议，具有很高的实时性，这个协议的出现是战略性的技术创新，为自动化领域提供了一个可靠的网络解决方案，它支持不同厂家的自控设备连接，可以完全兼容工业以太网和现有的现场总线（PROFIBUS）技术，充分保护企业现有投资。

（一）PROFINET 的模块

PROFINET 包括 8 个主要的模块功能：实时通信、分布式现场设备、运动控制、分布式自动化、网络安装、IT 标准与信息安全、故障安全、过程自动化。

1. PROFINET 实时通信

根据响应时间的差别，PROFINET 支持三种通信方式：TCP/IP 标准通信、实时（RT）通信及同步实时（IRT）通信。

PROFINET 基于工业以太网技术，使用 TCP/IP 和 IT 标准，响应时间为 100 ms。

实时（RT）通信的典型响应时间为 5~10ms，主要用于传感器和执行器设备之间的数据交换。

在运动控制中则需要使用同步实时（IRT）技术，响应时间小于 1ms。

2. PROFINET 分布式现场设备

通过集成 PROFINET 接口，分布式现场设备可以通过网线直接连接到 PROFINET 网络中。通过代理服务器则可以实现 PROFINET 与现有现场总线通信系统的无缝连接。比如 IE/PB Link 就是 PROFINET 和 PROFIBUS 网络之间的代理服务器。

3. PROFINET 运动控制

通过 PROFINET 的同步实时（IRT）功能，可以实现对伺服运动系统的控制。在 PROFINET 同步实时通信中，每个通信周期都被分成两个不同的部分：一个是实时通道；另外一个是标准的 TCP/IP 数据通道。两种不同类型的数据可以同时在 PROFINET 网络上传递，相互之间不会干扰。通过独立的实时数据通道，可以保证对伺服运动系统的可靠控制。

4. PROFINET 分布式自动化

基于组件的自动化（Component Based Automation，CBA）技术解决了分布式自动化设备控制问题。通过 STEP7 软件可以将网络中的设备配置成一个封装好的组件，组件之间使用 PROFINET 连接。通过图形化的 SIMATIC iMap 组态软件即可实现各组件间的通信配置，不需要另外编写复杂程序就能完成设备之间的数据交换。

5. PROFINET 网络安装

PROFINET 支持星形、总线形和环形拓扑结构。

6. PROFINET IT 标准与信息安全

PROFINET 支持同时传递实时数据和标准的 TCP/IP 数据，在标准通道中 http、HTML、SNMP、DHCP 和 XML 等 IT 技术都可以使用。PROFINET 实现了从现场级到管理级的纵向通信集成，通过专用的安全模块，可以保护自动化控制系统，使自动化通信网络的安全风险最小化。

7. PROFINET 故障安全

PROFINET 特有的故障安全机制可以用来保证系统在发生故障后能够自动恢复到安全状态（"零"态），不会对操作人员和控制系统造成损害。

8. PROFINET 过程自动化

PROFINET 能应用于各种场合。通过代理服务器（如 IE/PB Link），PROFINET 可以无缝地集成现场总线 PROFIBUS 和其他总线标准。作为新一代工业通信网络标准，PROFINET 是完全开放的协议，最大限度地保护了企业现有投资，给自动化控制系统带来了巨大的收益和便利。

（二）西门子 S7-1200 PROFINET 通信

PROFINET 为自动化通信领域提供了一个完整的网络解决方案，包括实时以太网、运动控制、分布式自动化、故障安全以及网络安全等应用，可以实现通信网络的一网到底，即从上到下都可以使用同一网络。西门子公司推出的 PROFINET 已经大规模应用于各个行业。

PROFINET 设备分为 IO 控制器、IO 设备和 IO 监视器。

（1）PROFINET IO 控制器指用于对连接的 IO 设备进行寻址的设备，这意味着 IO 控制器将与分配的现场设备交换输入和输出信号。

（2）PROFINET IO 设备指分配给其中一个 IO 控制器的分布式现场设备，例如远程 IO、变频器和伺服控制器等。

（3）PROFINET IO 监控器指用于调试和诊断的编程设备，例如 PC 或 HMI 设备等。

PROFINET 有三种传输方式：

（1）非实时数据传输（NRT）。

（2）实时数据传输（RT）。

（3）同步实时数据传输（IRT）。

PROFINET IO 通信使用 OSI 参考模型第 1 层、第 2 层和第 7 层，支持灵活的拓扑方式，如总线形、星形、树形和环形等。S7-1200 CPU 通过集成的以太网接口既可以作为 IO 控制器控制现场 IO 设备，也可以同时作为 IO 设备被上一级 IO 控制器控制，此功能称为智能 IO 设备功能。S7-1200 CPU PROFINET 通信口的通信能力如图 4-52 所示。

CPU硬件版本	接口类型	控制器功能	智能IO设备功能	可带IO设备最大数量
V4.0	PROFINET	√	√	16
V3.0	PROFINET	√	×	16
V2.0	PROFINET	√	×	8

图 4-52 S7-1200 CPU PROFINET 通信口的通信能力

○ 任务实施

任务要求：两台 S7-1200 PLC 之间进行 PROFINET 通信，一台作为 PROFINET IO 控制器，另一台作为 PROFINET IO 设备。PROFINET IO 控制器读取 PROFINET IO 设备 QB500 中的数据，将 QB500 中的数据写到 PROFINET IO 设备的 IB500 中。请利用博图软件进行操作。

第一步：新建项目及组态作为 PROFINET IO 控制器。打开博图软件，在 Portal

视图中，单击"创建新项目"，并输入项目名称、路径和作者等信息，然后单击"创建"即可生成新项目。进入项目视图，在左侧的项目树中，单击"添加新设备"，随即弹出"添加新设备"对话框，如图 4 - 53 所示。

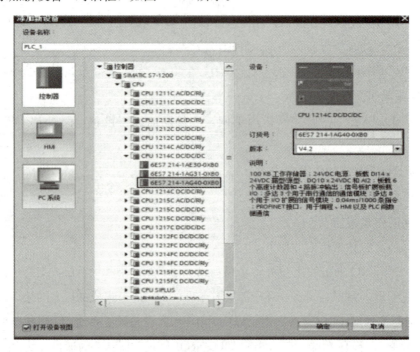

图 4 - 53 "添加新设备"对话框

第二步：设置 PROFINET IO 控制器的 CPU 属性。在项目树中，选 择" PLC _ 1 [CPU1214C DC/DC/DC] "，双击"设备组态"，在"设备视图"工作区中，选中 PLC _ 1，在其巡视窗口中的"属性"→"常规"选项卡中，选择"PROFINET 接口［X1］"→"以太网地址"，修改 CPU 以太网 IP 地址，如图 4 - 54 所示。

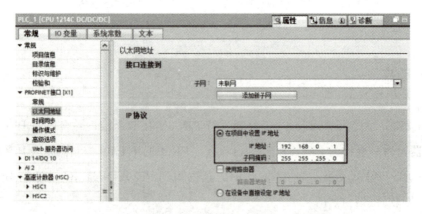

图 4 - 54 设置 PROFINET IO 控制器的 CPU 属性

第三步：组态作为 PROFINET IO 设备的 CPU。打开已建立的项目文件，进入项目视图，在左侧的项目树中，单击"添加新设备"，随即弹出"添加新设备"对话框如图 4-55 所示。

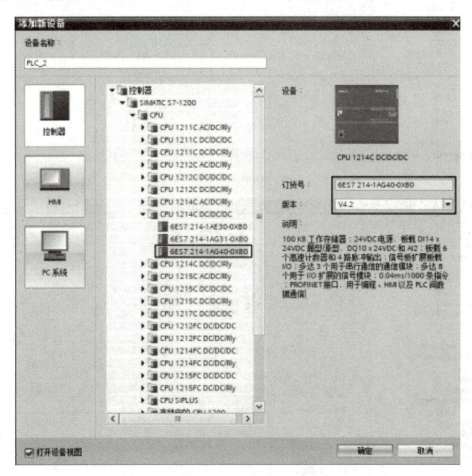

图 4-55　组态作为 PROFINET IO 设备的 CPU

第四步：设置 PROFINET IO 设备的 CPU 属性。在项目树中，选择" PLC _ 2 [CPU1214C DC/DC/DC] "，双击"设备组态"，在"设备视图"的工作区中，选中 PLC _ 2，在其巡视窗口中的"属性"→"常规"选项卡中，选择"PROFINET 接口 [X1] "→"以太网地址"，修改 CPU 以太网地址，如图 4-56 所示。

第五步：组态 PROFINET 通信数据交换区。在项目树中，选择"PLC _ 2 [CPU 1214C DC/DC/DC] "，双击"设备组态"，在"设备视图"的工作区中，选中 PLC _ 2，在其巡视窗口中的"属性"→"常规"选项卡中，选择"PROFINET 接口 [X1] "→"操作模式"，如图 4-57 所示。

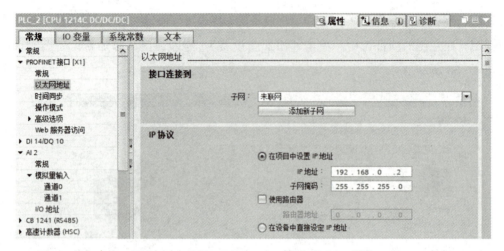

图 4-56　设置 PROFINET IO 设备的 CPU 属性

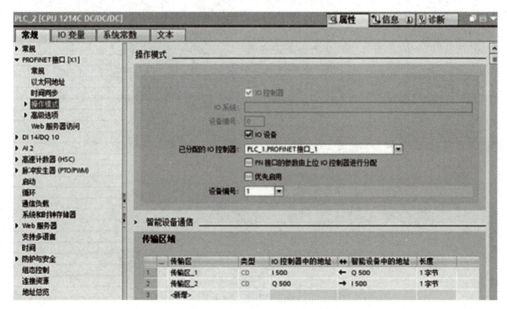

图 4-57　组态 PROFINET 通信数据交换区

实训练习

1. 什么是现场总线技术？

2. 常用的现场总线技术有哪些？

3. PROFINET 的通信方式有哪些？

物流自动化系统及分类

项目五 物流自动化系统及分类
- 任务一 自动化立库系统
- 任务二 自动分拣系统
- 任务三 自动导引小车

知识目标

1. 熟悉常见的物流自动化系统。
2. 掌握自动化立库系统的组成及出入库操作。
3. 掌握自动分拣系统的组成及常见的自动分拣机械。
4. 掌握自动导引小车系统的组成及相关技术。

技能目标

1. 能说出常见的自动分拣模式。
2. 能操作自动化立库系统。
3. 能说出自动导引小车的应用。

素质目标

1. 培养学生的学习能力和解决问题的能力。
2. 培养学生的系统观、大局观，使学生能综合应用理论知识解决系统问题。
3. 培养学生正确的世界观、人生观、价值观。

知识链接

一、物流自动化系统的定义

物流自动化是指物流作业过程的设备和设施自动化，包括运输、装卸、包装、分拣、识别等作业过程。物流自动化系统有自动识别系统、自动检测系统、自动分拣系统、自动存取系统、自动跟踪系统等。

物流自动化在物流管理各个层次中发挥着重要的作用。它包括物流规划、物流信息技术及自动物流系统等各种软技术和硬技术。物流自动化在国民经济的各行各业中也起着非常重要的作用，有着巨大的发展潜力。随着研究力度的不断加大，物流自动化技术将在信息化、绿色化方面进一步发展，其各种技术设备（如立体仓库等）和管理软件也将得到更大范围的发展和应用。

二、物流自动化系统的分类

物流自动化系统具有现代自动化学科的显著特点，是集光、机、电、液为一体的大型复杂系统，包括所需输送的物料和相关设备、输送工具、仓储设施、人员及通信联系等若干相互制约的动态要素，能够实现物料运输、识别、分拣、堆码、仓储、检索、发售等各个环节的全过程自动化作业，是现代物流装备、计算机及其网络系统、信息识别和信息管理系统、智能控制系统的有机集成。

物流自动化系统一般分为自动化立库系统、自动分拣系统（AS/RS）、自动导引小车系统、物料搬运系统、可编程逻辑控制系统和计算机集成管理系统等。

自动化立体仓库系统（见图5-1）主要由巷道式堆垛起重机、货架、辊道输送机、链式输送机、托盘、控制系统、通信系统、计算机管理监控系统等部分组成。自动化立体仓库系统能够按照指令自动完成货物的入库、出库，并能对库存货物进行自动管理，完全实现自动化作业。

图5-1　自动化立体仓库系统

分拣是指为进行输送、配送，把很多货物按不同品种、不同地点和不同单位分配到所设置的不同场地的一种物料搬运活动，也是使物品从集中到分散的处理过程。自动分拣系统（AS/RS）一般由控制装置、分类装置、输送装置及分拣道口四部分组成，这四个部分通过计算机网络连接在一起，配合人工控制及相应的人工处理环节构成一个完整的自动分拣系统（见图5-2）。

图5-2 自动分拣系统

自动导引小车系统（见图5-3）利用激光扫描头发出的激光，通过周边反射条反馈回的信息来确定小车的位置。通过计算机来控制小车行走的路线和小车的功能动作，不但定位精确度高，而且设定和改变路径特别灵活。

图5-3 自动导引小车系统

物料搬运系统（见图5-4）是指在同一场所范围内为改变物料的存放状态和空间位置，利用各种器具、采用各种方法对物料进行水平与上下移动。物料、作业人员、移动设备与容器（搬运单元）、移动路径的组合就构成了物料搬运系统。

图 5-4　物料搬运系统

三、物流自动化系统的优势

物流自动化系统的优势主要体现在以下几方面。

（一）提高生产与配送的效率和准确性

物流自动化系统采用先进的信息管理系统、自动化物料存储设备、分拣和搬运设备等，使货物在仓库内按需要自动存取与分拣。在物流输送环节，物流自动化系统可以根据接到的订单信息自动安排发货配送，通过使用自动拣选技术、电子标签技术等，可以大幅提高分拣与配送的效率和准确性。

（二）实现企业信息一体化

物流信息化是企业信息化的重要组成部分，物流信息管理系统通过与企业其他管理系统无缝对接，实现信息在企业各个系统之间的自动传递与接收，使企业实现信息一体化。物流自动化系统可自动获取其他管理系统的订单信息并进行处理，保证信息获取迅速、处理及时，准确、高效地汇总配送需求并进行备货、配送。

（三）提高空间利用率，降低土地成本

物流自动化系统采用高层货架存储货物（见图 5-5），存储区可以向高空发展，减少库存占地面积，提高仓储空间利用率和库容。立体仓库货架区单位面积的储存量可达 $7.5t/m^2$，是传统普通仓库的 $5\sim10$ 倍，与传统普通仓库相比可以节约 $40\%\sim70\%$ 的占地面积，从而大幅降低土地成本。

图 5-5　高层货架存储货物

（四）减少人工需求，降低人工成本

物流自动化系统可以减少对人工的需求及降低劳动强度，提高劳动效率。例如，同样吨位的货物存储时配备的仓储物流人员，自动化物流系统较传统物流系统可以节约 2/3 以上。

（五）提高物流管理水平

物流自动化系统可以对货物的入库、出库、移库、盘点等操作进行全面的控制和管理，对物料进行实时分析与控制，为企业管理者作出正确决策提供依据，将库存量减至最优存储量，大幅提高资金流转速度与利用率，降低库存成本；通过使用卫星定位系统等技术对物资运输路线进行优化，对在途进行实时监控，保证物资的安全。

（六）使物流向着智能化、数字化高速发展

以昆船智能智慧物流系统（见图 5-6）为例，该系统由仓储系统、输送与密集存储系统、分拣系统、信息系统等核心系统组成。通过公司自行开发的数字孪生技术，实现仓储物流系统的虚实映射、虚实交互，由此体验到虚拟与现实的完美结合，实现场景漫游、视角跳转、设备交互、信息查看等。AGV、穿梭车、堆垛机产品通过工业互联网＋5G 技术，打通了信息高速公路，扩展更多 5G 应用场景，让单机设备更加智能；通过 VR/AR 产品在工业领域的应用，为客户提供沉浸式体验，可以在虚拟培训、设备巡检、智能拣选、设备装配、故障修复指导、远程专家协同等方面为客户创造更高的价值空间。

图 5-6　昆船智能智慧物流系统

任务一　自动化立库系统

○ 任务引入

　　小华是某知名物流企业仓储管理员，每天都要处理大量订单，频繁地进行入库、上架、出库等作业，然而小华在工作中总是不能做到得心应手，不是小华对订单处理业务不熟练，而是他对仓储系统流程不熟悉，不能很好地操作系统，所以作业效率总是无法提高。下面就让我们和小华一起来学习如何操作自动化立库系统吧！

○ 任务分析

一、自动化立库系统的基本组成

　　自动化立体仓库系统简称自动化立库系统，主要由巷道式堆垛起重机、货架、辊道输送机、链式输送机、托盘、控制系统、通信系统、计算机管理监控系统等部分组成。自动化立体仓库系统能够按照指令自动完成货物的入库、出库，并能对库存货物进行自动管理，完全实现自动化作业。

二、自动化立库系统的计算机软件系统

　　用于仓库控制管理的计算机软件系统由 WCS 和 WMS 两部分组成。WCS 为仓库控制系统，WMS 为仓库管理系统。系统的工作原理如图 5-7 所示。

图 5-7　系统的工作原理

三、自动化立库系统业务流程

（一）作业流程

自动化立体仓库的基本作业流程分为三大步骤。

1. 入库作业流程

货物单元入库时，由输送系统运输到入库站台，使用条码识别系统对货物进行扫描识读，条码标签携带的信息被读入，传递给中央服务器，控制系统根据中央服务器返回的信息来判断是否入库以及货位坐标，当能够确定入库时发送包含货位坐标的入库指令给执行系统，堆垛机通过自动寻址，将货物存放到指定货格。在完成入库作业后，堆垛机向控制系统返回作业完成信息，并等待接收下一个作业命令。控制系统同时把作业完成信息返回给中央服务器数据库进行入库管理。

2. 出库作业流程

管理员在收到生产商或客户的货物需求信息后，根据要求将货物信息输入上位管理机的出库单，中央服务器将自动进行库存查询，并按照先进先出、均匀出库、就近出库等原则生成出库作业指令，传输到终端控制系统中，控制系统根据当前出库作业情况及堆垛机状态，安排堆垛机的作业序列，将安排好的作业命令逐条发送给相应的堆垛机。堆垛机到指定货位将货物取出放置到巷道出库台上，并向控制系统返回作业完成信息，等待进行下一个作业。监控系统向中央服务器系统反馈该货物出库完成信息，管理系统更新库存数据库中的货物信息和货位占用情况，完成出库管理。如果某一货位上的货物已全部出库，则从货位占用表中清除此货物记录，并清除该货位占用标记。

3. 拣选作业流程

货物单元拣选出库时，堆垛机到指定地址将货物取出放置到巷道出库站台。出库拣选搭接模式有很多种，在这里列举两种搭接模式：

（1）自动导引车取货后将货物送至分拣台，在分拣台上由工作人员或自动分拣设备按照出库单进行分拣。分拣完成后再由自动导引车送回巷道入库口，由堆垛机将货物入库或者直接出库。

（2）输送设备将物料从出库站台输送至出口，由工作人员或者机器人进行分盘操作，分盘后货物进入分拣输送线，空托盘则由叉车直接取走，货物通过分拣装置从相应的分拣口到达指定位置。

（二）模拟运行

在模拟实验之前，学生要先熟悉巷道堆垛机的结构及工作原理并模拟操作单机，最后再模拟线控运行入库、出库流程。巷道堆垛机单机电控柜如图5-8所示。

图5-8 巷道堆垛机单机电控柜

巷道堆垛机单机操作步骤如下：

第一步：打开总机电源。

第二步：调整"手动/自动"模式，选择按钮至手动状态。按下启动按钮，启动堆垛机控制系统，此时，触摸屏会被点亮，堆垛机的电机会自动进入伺服控制状态。

第三步：按下带有上、下、左、右箭头的按钮即可实现堆垛机的X、Y方向运动控制，实现对物料的入库操作。

堆垛机控制柜相关操作按钮如图5-9所示。

图5-9 堆垛机控制柜相关操作按钮

（三）物料入库

巷道堆垛机单机操作无误后，可模拟在线运行入库、出库流程操作。物料入库流程操作步骤如下：

第一步：服务程序启动，用户登录。

第二步：扫码（三种实现方式：自动扫码、人工手动输入、系统默认规则生成虚拟条码）并确认，入库界面如图 5 - 10 所示。

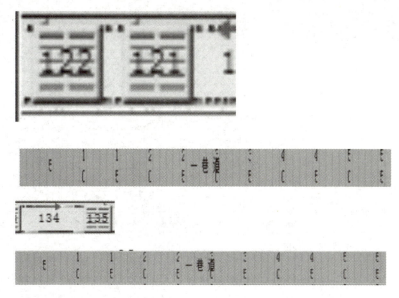

图 5 - 10　入库界面

第三步：系统自动生成入库任务，分配入库货位，任务信息下达电控 PLC，电控控制托盘移动到堆垛机取货站台，任务信息下达至巷道堆垛机。输送设备属性如图 5 - 11 所示。

系统号	L0362	获取(Q)
位置号	494	修改(M)
任务包号	0	清除(R)
任务号	0	拷贝(C)
托盘号	0	粘贴(V)
托盘类型	0	设置(S)
目标地址	0	返回(E)
托盘错误码	Normal	

设备名称：输送设备494
设备状态：正常
允许状态：Yes

图 5 - 11　输送设备属性

任务信息界面如图 5 - 12 所示。

第四步：巷道堆垛机将托盘输送到指定货位，任务结束，托盘信息写入货位。

(四) 物料出库

物料出库流程操作步骤如下：

第一步：人工在出库界面中根据物料等条件查询库存托盘信息，选择托盘并确认出库。

任务包号	任务号	任务状态	容器号	容器类型	起始地址	目标地址	段起点	段终点	控制ID
13696	13696	正在执行	30007450	4	728	0051005004000	728	220	L50TConveyControl01
13695	13695	正在执行	30001249	4	0051002006000	721	101	721	L50TConveyControl01
13694	13694	正在执行	10007329	4	728	0041016003000	728	217	L50TConveyControl01
13693	13693	正在执行	50005043	4	728	0031019008000	728	211	L50TConveyControl01
13691	13691	正在执行	51004577	4	0041017011000	709	106	709	L50TConveyControl01
13690	13690	正在执行	52003190	4	0021026004000	709	116	709	L50TConveyControl01
13689	13689	正在执行	50018169	4	728	0041015009000	217	4%	L50TCrane04Control
13688	13688	正在执行	70010383	4	0052005003000	709	101	709	L50TConveyControl01
13686	13686	正在执行	50031279	4	0041021005000	188	106	188	L50TConveyControl01
13685	13685	正在执行	50031164	4	0021024007000	188	116	188	L50TConveyControl01
13684	13684	正在执行	52002170	4	0012004005000	168	120	168	L50TConveyControl01
13682	13682	正在执行	30005923	4	0051002005000	721	101	721	L50TConveyControl01
13680	13680	正在执行	30008820	4	0042018007000	168	106	168	L50TConveyControl01
13679	13679	正在执行	51002387	4	0022024005000	199	116	199	L50TConveyControl01
13676	13676	正在执行	50000635	4	0011004009001	180	120	180	L50TConveyControl01

任务包号：13696　优先级：　设置(S)　刷新(R)　加载任务(L)　装货完成　卸货完成(U)　置入处理(I)　退出(E)

图 5-12　任务信息界面

第二步：系统生成出库任务，任务信息下达至堆垛机。堆垛机将托盘从指定货位中取出，放到卸货站台，任务信息写入卸货站台。

第三步：电控 PLC 控制托盘移动到指定出库站台，任务结束，同时删除托盘库存信息。

（五）抽检出库

抽检出库流程操作步骤如下：

第一步：人工在抽检出库界面查询需要抽检的物料或托盘信息。

第二步：在查询结果中选择托盘信息，点击"出库"，生成出库任务，任务信息下达至堆垛机。堆垛机将托盘从指定货位中取出，放到卸货站台，任务信息写入卸货站台。

第三步：堆垛机将托盘输送到指定抽检站台，任务结束，托盘库存信息写入站台。

（六）抽检返库

抽检返库流程操作步骤如下：

第一步：抽检出库的托盘经人工检查处理后，在抽检返库界面进行返库。

第二步：人工在返库界面选择托盘信息，确认返库，系统自动生成返库任务，下达电控 PLC。

第三步：电控设备移动到堆垛机取货站台，任务信息下达至堆垛机，堆垛机将托盘输送到指定货位存放，任务结束，托盘信息也相应从站台移动到货位。

（七）注意事项

（1）操作前检查自动化立体仓库软件系统是否能正常工作。

（2）操作前检查各通信设备及硬件设备是否能正常工作。

任务实施

【作业的相关步骤】 自动化立库系统操作步骤

步骤1：认知自动化立库系统并掌握其基本组成。

步骤2：分析自动化立库系统并了解每一台单机设备的工作原理。

步骤3：掌握自动化立库系统操作步骤。

实训练习

1. 什么是自动化立库系统？

2. 自动化立库系统由哪些部分组成？

3. 自动化立库系统的操作步骤是怎样的？

任务二 自动分拣系统

任务引入

小华大学毕业后到一家知名物流企业工作，该公司业务范围涵盖运输、仓储、分拣、配送等，且仓储、分拣、配送自动化程度较高。小华作为分拣中心分拣业务部新进员工，在上手分拣业务前要先了解和学习分拣的相关知识，熟悉自动分拣系统的结构、模式、工作原理等，以便在工作时得心应手。接下来就让我们和小华一起学习如何操作和使用自动分拣系统吧！

任务分析

物流中心每天接收成百上千家供应商或货主通过各种运输工具送来的成千上万种商品，小华现在要做的是在最短的时间内将这些商品卸下并按商品品种、货主、储位或发送地点进行快速准确的分类，并将这些商品运送到指定地点（如指定的货架、加工区域、出货站台等）。同时，当供应商或货主通知物流中心按配送指示发货时，自动分拣系统须在最短的时间内从庞大的高层货架存储系统中准确找到要出库的商品所在位置，并按所需数量出库，将从不同货位上取出的不同数量的商品按配送地点的不同运送到相应的理货区域或配送站台集中，以便装车配送。

一、自动分拣系统的基本组成

自动分拣系统是第二次世界大战后在美国、日本和欧洲的物流配送中心广泛采用的一种分拣系统。自动分拣系统从货物进入分拣系统开始，到送到指定的分配位置为止，按照人们的指令靠自动分拣装置来完成。

自动分拣系统是由各种类型的输送机、各种附加设施和控制系统等组成，主要装置有控制装置、分类装置、输送装置及分拣道口。

（一）控制装置

控制装置的作用是识别、接收和处理分拣信号，根据分拣信号的要求按商品品种、商品送达地点或货主的类别对商品进行自动分类。这些分拣需求可以通过不同方式，如条形码扫描、色码扫描、键盘输入、重量检测、语音识别、高度检测及形状识别等，输入到分拣控制系统中，系统根据对这些分拣信号的判断，来决定某一种商品该进入哪一个分拣道口。

（二）分类装置

分类装置的作用是根据控制装置发出的分拣指示，当具有相同分拣信号的商品经过分类装置时，分类装置感应并触动，使商品改变在输送装置上的运行方向而进入同一个输送机或进入分拣道口。分类装置的种类很多，一般有推出式、浮出式、倾斜式和分支式几种，不同的装置对分拣货物的包装材料、包装重量、包装物底面的平滑程度等有不同的要求。

（三）输送装置

输送装置的主要组成部分是传送带或输送机，其主要作用是使待分拣商品通过控制装置和分类装置。输送装置的两侧一般要连接若干分拣道口，使分好类的商品滑下主输送机（或主传送带），以便进行后续作业。

（四）分拣道口

分拣道口是已分拣商品脱离主输送机（或主传送带）进入集货区域的通道，一般由钢带、皮带、滚筒等组成滑道，使商品从主输送装置滑向集货站台，在那里由工作人员将该道口的所有商品集中或是组配装车并进行配送作业。分拣道口如

图 5 - 13 所示。

图 5 - 13　分拣道口

以上四部分装置通过计算机网络连接在一起，配合人工控制及相应的人工处理环节构成一个完整的自动分拣系统。

二、自动分拣系统的特征

（一）能连续、大批量地分拣货物

自动分拣系统可以连续运行 100 个小时以上，每小时可分拣 7 000 件包装商品，如用人工则每小时只能分拣 150 件左右，而且分拣人员也不能在这种劳动强度下长时间连续工作。

（二）分拣误差率极低

自动分拣系统的分拣误差率大小主要取决于所输入分拣信息的准确性的高低，这又取决于分拣信息的输入情况。如果采用人工键盘或语音识别方式输入，则误差率在 3％ 以上；如果采用条形码扫描输入，除非条形码的印刷本身有差错，否则不会出错。因此，目前自动分拣系统主要采用条形码技术来识别货物。

（三）分拣作业基本实现无人化

自动分拣系统能最大限度地减少人员的使用，基本做到无人化。分拣作业本身并不需要使用人员，人员的使用仅局限于人工接货、人工控制分拣系统的运行、货物集载、装车，以及自动分拣系统的运营、管理与维护。

三、自动分拣系统的流程

自动分拣系统大致可分为合流、分拣识别、分拣分流和分运四个阶段，如图 5 - 14 所示。

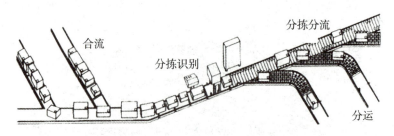

图 5-14　自动分拣系统流程

（一）合流

商品通过多条输送线进入分拣系统，经过合流逐步将各条输送线上输入的商品合并于一条合流输送机上。有时需要对商品在输送机上的方位进行调整，以适应分拣识别和分拣的要求。

合流输送机（见图 5-15）具有自动停止和启动的功能。如果前端分拣识别装置发生了故障，或商品和商品间距不够，或输送机上商品已经满载，合流输送机就会自动停止，等恢复正常后再自行启动，所以它也能起缓冲作用。

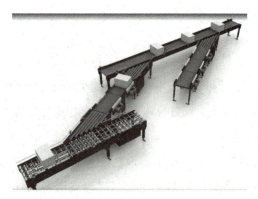

图 5-15　合流输送机

合流阶段应注意以下两点。

1. 速度

高速分拣要求分拣输送机高速运行，在商品进入分拣识别装置之前，有一个使商品逐渐加速到分拣输送机运行速度的过程。

2. 间距

商品之间保持一定距离，有利于保证分拣精度。当前的微型计算机和程序控制器已能将间距缩小至不到 25cm。

（二）分拣识别

分拣识别系统是指用激光扫描器对商品条形码标签进行扫描，或者通过其他自动识别方式，将商品分拣信息输入计算机。常见的自动分拣识别方式有：计算机录入、无线射频识别、声音识别、形状识别等。分拣识别系统如图 5－16 所示。

图 5－16 分拣识别系统

（三）分拣分流

商品离开分拣识别装置后在分拣输送机上移动时，根据不同商品分拣信号所确定的移动时间，使商品移动到指定的分拣道口，由该处的分拣机构按照上述移动时间自行启动，将商品排离主输送机进入分流滑道排出。

（四）分运

分拣出的商品离开主输送机，再经滑道到达分拣系统的终端。滑道部分一般是无动力的。

四、常见的自动分拣机械

（一）胶带浮出式分拣机

胶带浮出式分拣机（见图 5－17）的主体是分段的胶带输送机。在传送胶带的下面设置有两排旋转的滚轮，每排由 8～10 个滚轮组成，滚轮的排数也可设计为单排，主要是根据被分拣货物的重量来决定采用单排还是双排。滚轮接收到分拣信号后立即跳起，使两排滚轮的表面高出主传送带 10mm，并根据信号要求向某侧倾斜，使原来保持直线运动的货物在一瞬间转向，实现分拣。

图 5－17 胶带浮出式分拣机

（二）翻盘式分拣机

翻盘式分拣机（见图 5 - 18）的传送装置是一排由链条拖行的翻盘，当翻盘移动到设定的分拣道口时，向一侧倾斜，被分拣货物在重力作用下滑入分拣道口。翻盘式分拣机的优点是：布置灵活；能从多处送入货物；分拣道口可两侧布置；道口间距极小，故可布置较多的道口，位置灵活，经济性好；能分拣极小的货物。其缺点是：对货物有撞击，噪声大；对较大、较重、较高的货物不适用。

图 5 - 18　翻盘式分拣机

（三）翻板式分拣机

翻板式分拣机（见图 5 - 19）与翻盘式分拣机类似，均属"倾翻型"。它的传送部分由并列的翻板组成，翻板宽 200mm，长度 600～900 mm，由 3～6 块翻板组成一组承载单元，可向两侧倾翻 30°，翻板的块数取决于被分拣货物的长度。

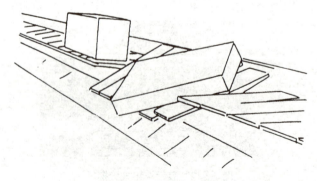

图 5 - 19　翻板式分拣机

（四）滑靴式分拣机

滑靴式分拣机（见图 5 - 20）的传动装置是一条板式输送机，其板面由金属板条或管子组成，每块板条或管子上各有一枚导向块，能做横向滑动，导向块靠在输送机的一侧边上，当被分拣的货物到达指定道口时，控制器使导向块依次向道口方向移动，把货物推入分拣道口。由于导向块可向两侧滑动，故可在分拣机两侧设置分拣道口，以节约场地空间。

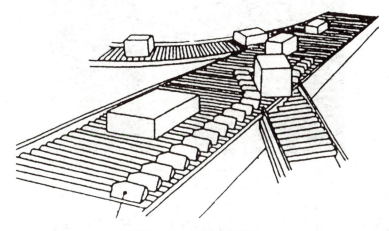

图 5 - 20　滑靴式分拣机

（五）托盘式分拣机

托盘式分拣机（见图 5 - 21）是一种应用十分广泛的机型，它主要由托盘小车、驱动装置、牵引装置等组成。其中托盘小车的形式多种多样，有平托盘小车、U 形托盘小车、交叉带式托盘。

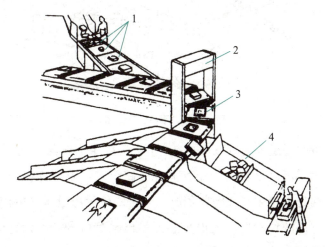

图 5 - 21　托盘式分拣机

(六)悬挂式分拣机

悬挂式分拣机（见图5-22）是用牵引链（或钢丝绳）做牵引件的分拣设备。按照有无支线，它可分为固定悬挂和推式悬挂两种机型。前者用于分拣、输送货物，它只有主输送路线，吊具和牵引链是连接在一起的；后者除主输送线路外还具备储存支线，并有分拣、储存、输送货物等多种功能。

图5-22 悬挂式分拣机

(七)滚柱式分拣机

滚柱式分拣机（见图5-23）是用于对货物进行输送、存储与分路的分拣设备。按处理货物流程的需要，滚柱可以间隔排列成水平形式，也可以和提升机联合使用构成立体仓库。

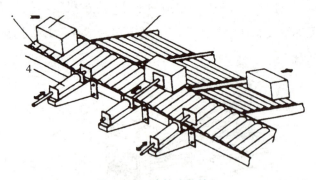

图5-23 滚柱式分拣机

滚柱式分拣机的每组滚柱（一般由3～4个滚柱组成，与货物宽度或长度相当）均具有独立的动力，可以根据货物的存放和分路要求，由计算机控制各组滚柱的转动或停止。货物输送过程中，在需要积放、分路的位置均设置光电传感器进行检测。当货物输送到需分路的位置时，光电传感器给出检测信号，由计算机控制货物下面的那组滚柱停止转动，并控制推进器动作，将货物推入相应支路，实现货物的分拣工作。

(八) 交叉带式分拣机

交叉带式分拣机（见图 5 – 24）本身就是皮带机。交叉带式分拣系统，由主驱动带式输送机和载有小型带式输送机的台车（简称"小车"）连接在一起，当"小车"移动到所规定的分拣位置时，转动皮带完成把商品分拣送出的任务。因为主驱动带式输送机与"小车"上的带式输送机呈交叉状，故得名交叉带式分拣机。

图 5 – 24　交叉带式分拣机

任务实施

【作业的相关步骤】　自动分拣系统操作步骤

步骤 1：认知自动分拣系统并掌握其基本组成。

步骤 2：分析自动分拣系统并了解各种自动分拣机械的工作原理。

步骤 3：掌握自动分拣系统的操作流程。

实训练习

1. 什么是自动分拣系统？

2. 常见自动分拣系统由哪些部分组成？

3. 自动分拣系统的特征是什么？

4. 自动分拣系统操作流程是怎样的？

5. 常见的自动分拣机械有哪些？

任务三 自动导引小车

○ 任务引入

　　小琴是广州某知名物流企业工作人员，该公司业务范围较广，涵盖运输、仓储、分拣、配送等，公司各业务板块自动化程度都很高。小琴作为分拣中心分拣业务部新进员工，在上手分拣业务时要先了解和学习分拣的相关知识，熟悉先进的自动分拣设备，如自动导引小车（AGV）的系统组成、技术发展、应用模式等，以便工作时得心应手。下面让我们和小琴一起来学习如何操作和使用自动导引小车。

○ 任务分析

一、AGV 的概念

　　自动导引运输车（Automated Guided Vehicle，AGV），又称自动导引小车，是指安装有电磁或光学等自动导航装置，能够沿规定的导航路径行驶，具有安全保护以及各种移载功能的运输车，如图 5 - 25 所示。AGV 属于轮式移动机器人（Wheeled Mobile Robot，WMR）的范畴。

图 5 - 25　自动导引运输车

　　AGV 以电池为动力，并装有非接触导航装置，可实现无人驾驶的运输作业。它的主要功能表现为能在计算机监控下，按路径规划和作业要求，精确地行走并停靠到指定地点，完成一系列作业功能。AGV 以轮式移动为特征，较之步行、爬行或其他非轮式的移动机器人具有行动快捷、工作效率高、结构简单、可控性强、安全性好等优势。与物料输送中常用的其他设备相比，AGV的活动区域无须铺设轨道、支座架等固定装置，不受场地、道路和空间的限制。在自动化物流系统中，AGV最能充分地体现其自动性和柔性，实现高效、经济、灵活的无人化生产，所以人们形象地把AGV称作现代物流系统的动脉。

二、AGV 的发展历史

第一辆AGV诞生于1953年，它是由一辆牵引式拖拉机改造而成的，带有车兜，在一间杂货仓库中沿着布置在空中的导线运输货物。到20世纪50年代末到60年代初期时，已有多种类型的牵引式AGV用于工厂和仓库。

20世纪70年代，基本的导航技术靠的是感应埋在地下的导线产生的电磁频率，通过一个称作"地面控制器"的设备打开或关闭导线中的频率，指引AGV沿着预定的路径行驶。

20世纪80年代末期，无线式导航技术引入AGV系统中，例如利用激光和惯性进行导航，提高了AGV系统的灵活性和准确性，而且当需要修改路径时，也不必改动地面或中断生产。这些导航技术的引入，使得AGV的导航方式更加多样化了。

20世纪80年代以来，AGV系统已经发展成为生产物流系统中最大的专业分支之一，并出现了产业化发展的趋势，成为现代化企业自动化装备不可缺少的重要组成部分。在欧美等发达国家发展最为迅速，应用最为广泛；在亚洲的日本和韩国，也得到迅猛的发展和应用，尤其是日本，在产品规格、品种、技术水平、装备数量及自动化程度等方面较为丰富，已经达到标准化、系列化、流水线生产的程度。

AGV在我国的发展已有二十多年的历史，但在十年以前应用范围一直较小，局限在几个特定的行业。近几年来，智能工厂、智能生产、智能物流等概念越来越火热，"工业4.0""中国制造2025"等理念和目标的提出，进一步催生了AGV在各行业领域应用的需求。特别是从2014年开始，国内AGV在电商仓储行业的应用逐渐兴起，甚至一度带动了整个AGV行业的繁荣。在整体大环境和诸多因素的影响之下，AGV需求呈现井喷式增长，AGV应用遍及电商、汽车、食品、医药、电子、化工、金融、军事等行业。AGV作为国产工业机器人中细分领域的一个分支，其市场规模超30亿元，约占整个国产工业机器人市场份额的65%。

三、AGV 的发展模式

AGV 技术的发展有以下两种发展模式：

第一种是以欧美国家为代表的全自动 AGV 技术，这类技术追求 AGV 的自动化，几乎完全不需要人工的干预，路径规划和生产流程复杂多变，能够运用在几乎所有的搬运场合。这些 AGV 功能完善，技术先进；同时为了能够采用模块化设计，降低设计成本，提高批量生产的标准，欧美的 AGV 放弃了对外观造型的追求，采用大部件组装的形式进行生产；系列产品的覆盖面广，各种驱动模式、各种导航方式、各种移载机构应有尽有，系列产品的载重量可从几十千克到上百吨。但由于受技术和功能的限制，此类 AGV 的销售价格一直居高不下。此类产品在国内有为数不多的企业可以生产，技术水平与国际水平相当。全自动 AGV 产品如图 5-26 所示。

图 5-26　全自动 AGV 产品

第二种是以日本为代表的简易型 AGV 技术，或只能称其为 AGC（Automated Guided Cart），该技术追求的是简单实用，极力让用户在最短的时间内收回投资成本。这类 AGV 在日本和我国台湾地区的企业中应用十分广泛，从数量上看，日本生产的大多数 AGV 属于此类产品（AGC）。此类产品完全结合简单的生产应用场合（单一的路径、固定的流程），只是用来进行搬运，并不刻意强调自动装卸功能。在导航方面，多数只采用简易的磁带导航方式。由于日本的基础工业发达，AGC 生产企业能够为其配备简单得不能再简单的功能器件，使 AGC 的成本几乎降到了极限。20 世纪 80 年代，AGC 就在日本得到了广泛应用，2002—2003 年达到应用的顶峰。由于该产品技术门槛较低，目前国内已有多家企业可生产此类产品。简易的 AGC 产品如图 5-27 所示。

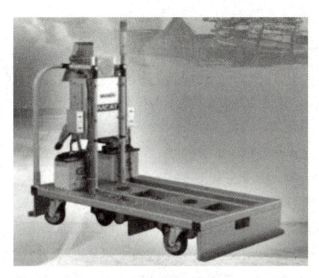

图 5 - 27 简易的 AGC 产品

四、AGV、IGV 与 AMR

除 AGV 外，移动机器人市场近年来不断涌现新名词——IGV、AMR 这两年也开始逐渐进入人们的视野。那么，AGV、IGV 和 AMR 仅是称呼不同，还是技术上有了迭代升级呢？

AGV 是 Automated Guided Vehicle 的缩写，意即"自动导引运输车"。AGV 是安装有电磁或光学等自动导航装置，能够沿规定的导航路径行驶，具有安全保护以及各种移载功能的运输车。AGV 的应用历史较久，目前在仓储物流和制造业中均有广泛应用。

IGV 是 Intelligent Guided Vehicle 的缩写，即智慧型引导运输车。和 AGV 相比，IGV 的柔性化程度更高，无须借助任何标记物行驶，并且路径灵活多变，能够满足绝大多数工厂的使用需求。IGV 适合对柔性化要求更高的应用场景，如 3C 电子制造等行业，但相对而言其价格也较高。

AMR 是 Automated Mobile Robot 的缩写，即自主移动机器人。AMR 可利用软件对工厂内部绘制地图或提前导入工厂建筑物图纸实现导航。该项功能相当于一辆装载有 GPS 和一套预装地图的汽车。在汽车上设置人们的住处和工作地址后，便能根据地图上的位置生成最便捷的路径。

近年来，智能产线、智能工厂的需求日益增多，但不同的行业、不同的应用场景，需求也各不相同。不管是 AGV、IGV 还是 AMR，在不同的应用场景中，它们都有各自的优势。为了适应不同应用场景的需求，它们在部分功能上有所区别，但都是移动机器人的一种。

目前，在国内市场，AGV 产品是主流，IGV 也有了一定的应用，已有企业开发出 AMR 相关产品投入市场。随着应用场景的不断复杂化，用户对移动机器人的要求不断提高，AGV、IGV、AMR 也随着市场需求和科学技术的发展而不断优化，向着更加智能化、柔性化的方向发展，未来会出现更多令人耳目一新的产品。

五、AGV 导航技术

（一）直接坐标导航技术

直接坐标导航技术是指用定位块将 AGV 的行驶区域分成若干坐标小区域，通过对小区域的计数实现导航，一般有光电式（将坐标小区域以两种颜色划分，通过光电器件计数）、电磁式（将坐标小区域以金属块或磁块划分，通过电磁感应器件计数）和标签式（将坐标小区域通过二维码或者 RFID 等载体进行区分，用摄像头或者 RFID 读写器读取坐标）等多种形式。其优点是可以实现路径的修改，导航的可靠性好，对环境无特别要求；其缺点是地面测量设备安装复杂，工作量大，导航精度和定位精度较低。二维码导航近年来发展比较快，在电商、快递等行业应用比较广泛。

（二）电磁导航技术

电磁导航是较为传统的导航方式之一，目前仍被许多系统采用，它是在 AGV 的行驶路径上埋设金属线，并在金属线上加载导航频率，通过对导航频率的识别来实现 AGV 的导航。其主要优点是引线隐蔽，不易污染和破损，导航原理简单而可靠，便于控制和通信，对声光无干扰，制造成本较低；缺点是路径难以更改扩展，对复杂路径的局限性大。

（三）磁带导航技术

磁带导航与电磁导航相近，是在路面上贴磁带替代在地面下埋设金属线，通过磁感应信号实现导航。其优点是灵活性比较好，改变或扩充路径较容易，磁带铺设简单易行；缺点是易受环路周围金属物质的干扰，对磁带的机械损伤极为敏感，因此导航的可靠性受外界影响较大。

（四）光学导航技术

光学导航技术是指在 AGV 的行驶路径上涂漆或粘贴色带，通过对摄像机采入的色带图像信号进行简单处理而实现导航。其优点是灵活性比较好，地面路线设置简单易行；缺点是对色带的污染和机械磨损十分敏感，对环境要求过高，导航可靠性较差，且很难实现精确定位。近年来出现的纹理导航也属于光学导航范畴，通过对地面的纹理特征进行识别分析来实现导航。

（五）激光导航技术

激光导航是指在 AGV 行驶路径的周围安装位置精确的激光反射板，AGV 通过发射激光束，同时采集由反射板反射的激光束，来确定其当前的位置和方向，并通过连续的三角几何运算来实现 AGV 的导航。此项技术的优点是：AGV 定位精确；地面无须其他定位设施；行驶路径可灵活多变，能够适用于多种现场环境。它是目前众多 AGV 生产厂商优先采用的先进导航方式，但其核心技术仅被个别公司掌握。

（六）惯性导航技术

惯性导航是指在 AGV 上安装陀螺仪，在行驶区域的地面上安装定位块，AGV 可通过对陀螺仪偏差信号的计算及地面定位块信号的采集来确定自身的位置和方向，从而实现导航。其主要优点是技术先进，定位准确性高，灵活性强，便于组合和兼容，适用领域广，已被许多 AGV 生产厂商采用。其缺点是导航的精度和可靠性与陀螺仪的制造精度及使用寿命密切相关，精度高、性能好的陀螺仪价格昂贵。近年来随着微机电系统（MEMS）技术的发展，微机电陀螺仪的应用越来越广泛，价格也有所下降。

（七）图像识别导航技术

图像识别导航技术是指对 AGV 行驶区域的环境进行图像识别，实现智能行驶。这是一种具有巨大潜力的导航技术，此项技术之前已被少数国家的军方采用，近年来该技术也逐渐在 AGV 中得到应用。

（八）卫星导航技术

卫星导航技术是指通过 GPS（全球定位系统）或者北斗等卫星系统对非固定路面系统中的控制对象进行跟踪和制导，目前此项技术还在发展和完善中，通常用于室外远距离的跟踪和制导，其精度取决于 AGV 接收卫星在空中的固定精度和数量，以及控制对象周围环境等因素。

（九）混合导航技术

上述导航技术在单一环境的应用中比较合适，但当遇到复杂环境和多场景变化的应用时，单一的导航方式就会不适应，为此混合导航技术应运而生。所谓混合导航技术，就是将多种导航技术综合运用在一台 AGV 上的技术。根据实际需求，混合导航技术可以分为松耦合和紧耦合，比如在室外，卫星导航技术就可以和惯性导航技术进行松耦合或是紧耦合运行。混合导航也可以是两种导航技术各自独立运行，比如室外用卫星导航，到了室内用激光导航，但在室外和室内的交汇处需要两者能顺利交接。

六、AGV 驱动技术

AGV 的驱动技术可分为三种类型：单轮驱动模式（SD-Steer Driving）、差速驱动模式（DD-Differential Driving）和全方向驱动模式 QUAD（Quad Motion），具体如图 5-28 所示。

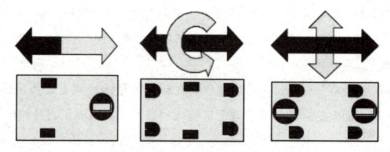

图 5-28　AGV 的三种驱动类型

单轮驱动是指一个驱动轮兼有行走和转向功能，两个从动轮为固定脚轮，在稳定性不够时，可增加活动脚轮作为辅助支撑。此种驱动方式的 AGV 运动性能稍差，转弯半径较大，但导航的可靠性高。

差速驱动是指 AGV 左右对称安装两个不带转向的驱动轮，以两个或多个活动脚轮为从动轮，依靠左右轮的差速来实现转向。差速驱动模式的 AGV 能够实现单轮驱动的一切功能，转弯半径小，灵活性较好，但由于差速模式的限制，驱动轮的磨损较为严重。

全方向驱动是指 AGV 具有两个或多个驱动轮，均兼有行走和转向功能。全方向驱动可以实现 SD 方式的运动（与单轮驱动相同），也可以按差速模式运动，还可以实现平行移动，即 AGV 的航向角（姿态）不变，因此全方向驱动模式的 AGV 是最灵活的，但由于机构复杂，控制硬件成本和控制难度都会相应增加。

随着技术的发展，AGV 的驱动轮也日益多元化。现在比较常用的 AGV 的驱动轮有立式舵轮、卧式舵轮、差速舵轮、麦克纳姆轮等。

七、AGV 的系统组成

一个完整的 AGV 系统主要由单机系统和上位系统组成。单机系统由机械系统、动力系统、安全系统和车载控制系统组成。上位系统由充电系统、通信系统、交通管理系统、地面监控系统和地面控制系统组成。

（一）AGV 机械系统

AGV 机械系统主要由车身、车轮、驱动转向系统、移载系统等构成，保证了 AGV 的承载能力和运行性能。其结构如图 5 – 29 所示。

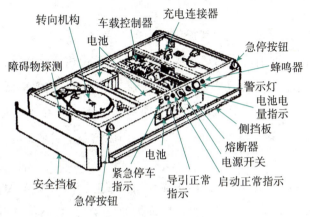

图 5 – 29　AGV 机械系统

1. 车身

车身主要为钢材或者铝合金结构，是 AGV 较基础的部分，是整个 AGV 的"脊柱"。车身一般由底盘架和结构架两个部分构成，其中底盘架为立体型框架结构，用于安装驱动转向系统、移载系统、机械防撞装置、各种电机、蓄电池等；而结构架则用于安装各种控制设备和通信设备。

2. 车轮

车轮是整个 AGV 的"脚"，外层一般使用树脂橡胶材料做成，具有强度高、耐磨损、稳定性高、拥有一定的弹性等优点，适合于 AGV 系统的使用。

3. 驱动转向系统

AGV 的驱动转向系统包括行进系统和转向系统，是整个 AGV 的"四肢"。它的性能直接影响到 AGV 的运动性能，并在一定程度上影响到自动导航系统的动态调节性能。AGV 可采用双轮驱动差速转向或多轮驱动独立转向方式，用户可以根据实际需求选择合适的驱动方式。

4. 移载系统

将货物自动装到 AGV 载货台上或从 AGV 载货台上取下货物并放置到指定位置的过程称作移载。根据不同的工作环境，AGV 可以装配不同的移载装置，目前常用的有潜伏式、牵引式、背负式、顶升式、滚筒式、叉车式等。

（二）AGV 动力系统

AGV 动力系统由电机（包括驱动电机、转向电机、移载电机）、电池和充电装置等构成，为 AGV 的正常运转提供动力来源。

1. 电机

电机是在 AGV 运行过程中为其提供动力的，AGV 主要需要驱动电机、转向电机和移载电机。目前比较常用的 AGV 驱动系统有：直流电机驱动系统、感应电机交流驱动系统和永磁同步电机交流驱动系统。由于直流电机驱动系统效率低、体积大等原因，现在 AGV 电机正由直流驱动系统向交流驱动系统过渡。随着技术的发展和成本的降低，永磁同步电机交流驱动系统在 AGV 上的应用逐渐多了起来。

2. 电池

电源系统是 AGV 的动力来源。由于在自动化程度较高的场合 AGV 的连续运行时间较长，甚至达到 24 小时不间断工作，这就需要 AGV 所配备的蓄电池必须满足以下要求：结构紧凑、内阻低、可靠性高、容量高、工作寿命长、低温工作性能出色，以及大电流快速充电和充放电能力强。目前在国内的 AGV 市场上，主要有以下几种类型的电池：镍镉蓄电池、镍氢蓄电池、锂电池和铅酸蓄电池。其中，锂电池能量密度大、充放电倍率高，随着锂电池技术的发展，其现在越来越受到各大 AGV 厂商的青睐。

3. 充电装置

AGV 的充电装置具有很好的绝缘保护效果，无须人工帮助，就可以很好地与插座实现无缝无接触地高效快速充电，且装有短路自动报警装置，可以很好地保护 AGV。

以前 AGV 充电装置多采用接触式充电，近年来随着无线充电技术的发展，AGV 无接触供电或充电等方式的应用逐渐多了起来。

（三）AGV 安全系统

随着国内外工业机器人的飞速发展，市场竞争越来越激烈，用户对产品安全性、可靠性的要求不断提高。安全性问题一直以来也是各大 AGV 厂商最重视的问题。AGV 在设计时就要从多个方面来考虑其安全运行。AGV 安全系统由主动安全系统、被动安全系统和 AGV 的安全认证构成。

1. 主动安全系统

AGV 的车身上一般都安装有障碍物接近报警装置，这是为了避免 AGV 发生碰撞，确保整个运行过程中的人身安全和财产安全。一般 AGV 的安全装置分为接触式缓冲器和非接触式障碍物探测器两种。接触式缓冲器一般安装在 AGV 车身的前后方或者车身周围，缓冲器的材质具有一定的柔软性，保证发生故障时不会造成太大的损失。非接触式障碍物探测器一般由激光雷达或是视觉传感器组成，带有多级减速功能，能有效地减轻惯性带来的损害。

控制技术先进的厂商一般还会给 AGV 设置安全的运行区域，当超出安全范围时，AGV 会主动停车报警。

2. 被动安全系统

除上述主动停车装置外，AGV 安全系统还包括被动停车装置，如车身急停按钮、整线暂停开关等。当外部有人触发急停信号时，AGV 也会立即停车。

3. AGV 的安全认证

近年来，随着国内 AGV 技术的不断发展以及企业的不断增多，在技术支撑以及市场竞争的驱动下，国内一些有实力的大企业走出去也是势所必然。由于各个国家都有关于安全的认证要求，AGV 在不同的国家或地区运行需要有相应的认证证书。目前比较常见的 AGV 安全认证有美国的 UL 认证、欧洲的 CE 认证和中国的 CR 认证。这些认证，不仅可以作为企业进军新市场的"通行证"，同时也是各大 AGV 厂商实力的体现。

(四) AGV 车载控制系统

AGV 车载控制系统由人机界面、信息传输与处理系统、导航定位系统等构成，确保了 AGV 安全智能地按照预定路径运行。

1. 人机界面

人机界面用于对 AGV 进行参数设置，实现各种运行状态，并在脱机状态下提供手动驾驶功能。它能根据需求，显示 AGV 当前的运行状态信息。另外，人机界面还有电池控制灯、充电指示灯、声光报警装置等各种辅助装置，用于辅助监控 AGV 的运行。

2. 信息传输与处理系统

信息传输与处理系统是整个 AGV 的"大脑"，是小车行驶和进行作业的直接控制中枢。它主要负责对 AGV 上的导航定位系统、驱动转向系统、通信系统、安全防护装置和移载系统等进行控制，实现 AGV 的自动化运行，并与中央控制系统实时通信、联络，接收其指令，完成中央控制系统发送的任务。

3. 导航定位系统

导航定位系统相当于 AGV 的"眼睛"，用于 AGV 运动过程中的定位。导航定位系统对于 AGV 实现无人驾驶起到了至关重要的作用，它实现了对单台 AGV 的定位，为后续的任务分配和路径规划等提供了基础数据。目前常用的导航方式是电磁感应导航和激光导航等。

(五) AGV 通信系统

通信系统就是负责在 AGV 与主控机之间进行双向信息传输的系统。

AGV 的通信系统主要用来与中央控制系统进行通信,是整个 AGV 的"耳朵"和"嘴巴"。通过通信,AGV 接收系统发送的任务信息、路径信息以及各种命令信息,并不断把自己的位置和状态报告给上位系统,使系统能监控所有 AGV 的运行状态。因此,通信系统对 AGV 来说是必不可少的。随着 5G 技术的发展,现在带有 5G 通信技术的 AGV 产品已经上市。

(六) AGV 地面监控系统

AGV 地面监控系统对 AGV 用户来说是非常重要的,它能直观地向用户反映下位 AGV 实时的状态信息、位置信息等,并且用户可以通过 AGV 监控系统向 AGV 单机发出一系列任务命令。

AGV 地面监控系统采用分布式处理结构,可以和地面控制系统部署在一台机器上,也可以部署在不同的机器上。其原理如图 5-30 所示。

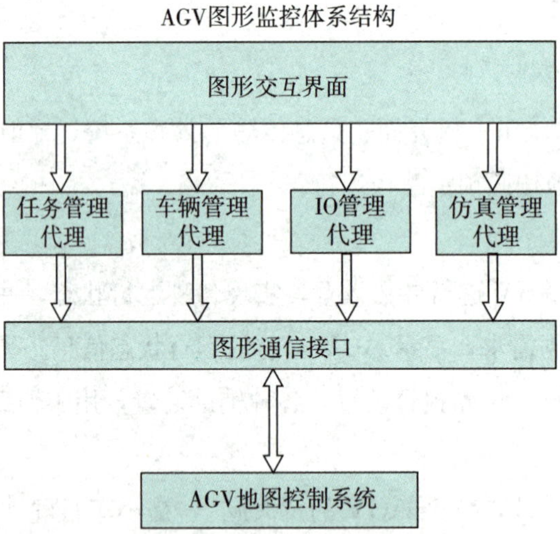

AGV图形监控体系结构

图 5-30 AGV 地面监控系统的原理

AGV 地面监控系统由图形通信接口、任务管理代理、车辆管理代理、IO 管理代理、仿真管理代理及图形交互界面组成。

图形通信接口:负责和地面控制系统的消息通信,通信方式可以采用 TCP/IP 及串口等。

任务管理代理:是地面控制系统中任务管理的代理对象,负责代理对任务管理的操作,如任务查询、任务启动等。

车辆管理代理：是地面控制系统中车辆管理的代理对象，负责代理对车辆管理的操作，如车辆查询、车辆取消等。

IO管理代理：是地面控制系统中IO管理的代理对象，负责代理对IO管理的操作，如IO查询、IO读写等。

仿真管理代理：是地面控制系统中仿真管理的代理对象，负责代理对仿真管理的操作，如仿真车参数修改等。

图形交互界面：负责和用户的图形界面操作，图形界面包括相关对象的操作界面及车辆的图形监控。

(七) AGV地面控制系统

AGV地面控制系统（Stationary System）即AGV上位控制系统，是AGV系统的核心。其主要功能是对AGV系统中的多台AGV进行任务管理、车辆管理、交通管理、通信管理、车辆驱动等。其原理如图5－31所示。

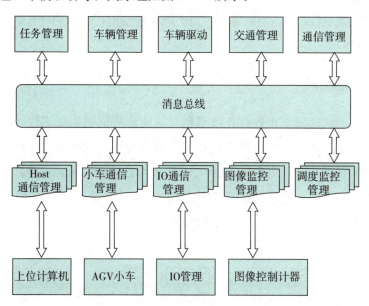

图5－31　AGV地面控制系统的原理

1. 任务管理

任务管理类似计算机操作系统的进程管理，其主要功能是：提供对AGV地面控制程序解释执行所需的环境；提供根据任务优先级和启动时间的先后顺序产生AGV调度任务；对任务执行过程的相关操作，如启动、停止、取消等。

2. 车辆管理

车辆管理是AGV管理的核心模块，它根据物料搬运任务的请求，分配调度AGV

执行任务，根据 AGV 行走时间最短原则，计算 AGV 的最短行走路径，并控制指挥 AGV 的行走过程，及时下达装卸货和充电命令。

3. 交通管理

根据 AGV 的物理尺寸大小、运行状态和路径状况，提供 AGV 互相自动避让的措施、避免车辆出现死锁的方法和出现死锁后的解除方法。

4. 通信管理

通信管理提供 AGV 地面控制系统与 AGV 单机、地面监控系统、地面 IO 设备、车辆仿真系统及上位计算机的通信功能。地面控制系统和 AGV 间的通信使用无线电通信方式，需要建立一个无线网络，AGV 只和地面系统进行双向通信，AGV 间不进行通信，地面控制系统采用轮询方式和多台 AGV 通信，与地面监控系统、车辆仿真系统、上位计算机的通信使用 TCP/IP 通信。

5. 车辆驱动

车辆驱动负责 AGV 状态的采集，并向交通管理发出行走段的允许请求，同时把确认段下发给 AGV。

八、 AGV 的应用

随着机器人时代的到来，各行各业逐渐开始使用智能机器人来代替人工，以降低人工成本、提高生产效率。传统的仓库和工厂需要耗费大量的人力来搬运货物，相对来讲效率是比较低的，并且也容易出错。AGV 作为自动化的搬运设备，提供了从产品到物料自动上线、下线、中途转运的智能化运送，大大降低了人工成本，提高了搬运、分拣的效率。目前 AGV 主要适用于以下行业。

（一）仓储业

仓储业是 AGV 最初运用的地方，其主要作用是搬运出入库货物和各种零部件，实现出入库货物的自动搬运。AGV 的运用大大地提高了货物搬运的效率。AGV 进行仓储作业的场景如图 5-32 所示。

（二）制造业

AGV 在制造业生产线上也有广泛的应用，能够高效、准确、灵活地完成搬运任务。多台 AGV 还可以组成柔性的物流搬运系统，搬运线路可以随着生产流程的调整及时作出相应的改变，使一条生产线可以制造出十几种产品，大大地提高了生产的柔性和企业竞争力。AGV 在制造业中的应用如图 5-33 所示。

图 5 - 32　AGV 进行仓储作业的场景

图 5 - 33　AGV 在制造业中的应用

（三）医药 、食品、化工行业

在对于搬运工作有清洁、安全、无排放污染等特别要求的医药、食品、化工等行业中，AGV 的运用也越来越普遍。AGV 在医药行业中的应用如图 5 - 34 所示。

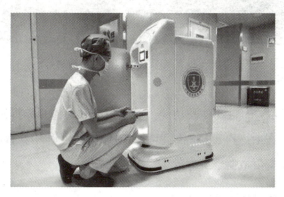

图 5 - 34　AGV 在医药行业中的应用

（四）快递电商行业

随着电商的高速发展，包裹分拣作业量不断增加，客户对作业效率、准确率的要求也在不断提高。电商物流中心、邮政/快递分拨中心等对高效率、低成本、高柔性的分拣解决方案的需求大幅上升。在此背景下，兼具柔性、效率和成本优势的 AGV 搬运机器人系统得到越来越广泛的应用。AGV 在快递电商行业中的应用如图 5 - 35 所示。

图 5 - 35　AGV 在快递电商行业中的应用

（五）餐饮业等服务行业

在餐饮业等服务行业，AGV 也逐渐开始大展身手，像餐厅传菜等基础劳动可以由 AGV 来完成，以降低人工成本、提高运作效率。AGV 在餐饮业中的应用如图 5 - 36 所示。

图 5 - 36　AGV 在餐饮业中的应用

（六）特殊行业

在军事上，以 AGV 的自动驾驶功能为基础集成其他探测和拆卸设备，可以用于战场排雷和阵地侦察。在冶炼厂、核电厂和利用辐射进行保鲜和储存的场所，AGV 可用于物品的运送，避免辐射危险。

八、 AGV 未来的发展趋势

未来 AGV 的研究将向智能化、柔性化、数字化、网络化、信息化、协同化和云化等方向发展。

在导引技术上，利用地理信息系统（GIS）技术，AGV 能够对自己行驶区域的周围环境进行图像识别，实现智能行驶。目前这种技术在自动驾驶汽车上已经有所应用。

可以想象，图像识别技术与激光导引技术相结合将会为自动化工程带来更大的发展空间，如导引的精确性和可靠性、行驶的安全性、智能化的记忆识别等都将更加完美。

在控制技术上，结合 5G 技术，AGV 的控制模式可以更加集中，所有的计算数据和控制都可以放到云端；随着芯片及电子技术的发展，单一的 AGV 也可以更加智能，大多数管理功能可以直接下放到 AGV 车载控制系统，单机之间实现相互通信交流，其优越性具体表现在路径选择及交通管理方面，将现代控制理论（模糊控制）与古典理论（图论、拓扑）有机地结合起来，可确保系统的高效运行。随着相关领域技术的发展，AGV 的各项技术也将更加智能和多元。具体在项目中使用哪种技术，用户可以根据实际的使用环境和项目的投资等因素来综合分析。

〇 任务实施

【作业的相关步骤】　自动导引小车操作步骤

步骤 1：认知自动导引小车并了解其发展历史。

步骤 2：了解自动导引小车的系统组成。

步骤 3：理解自动导引小车技术。

■ 实训练习

1. 什么是自动导引小车？

2. 自动导引小车系统是由哪些部分组成的？

3. 自动导引小车的核心技术是什么？

4. 自动导引小车未来的发展趋势是怎样的？

物流自动化应用及实践典型案例

知识目标

1. 掌握物流自动化系统的基本理论。

2. 掌握物流自动化系统集成规划的基本知识。

3. 掌握物流自动化系统设施设备集成的基本原理。

4. 掌握现代物流系统中基本的自动化技术。

技能目标

1. 掌握物流自动化系统的总体规划要点。

2. 掌握物流自动化系统的实际运作过程。

3. 掌握物流自动化系统设施设备集成的主要方法。

4. 具备对物流自动化系统进行执行的基本能力。

素质目标

1. 培养学生的学习能力。

2. 培养学生解决问题的能力。

3. 培养学生正确的世界观、人生观、价值观。

任务一 某航空公司航材自动化立体库

○ 任务引入

一、项目介绍

某航空公司基地工程项目用地面积 920 亩，总建筑面积 62 万 m²，总投资 65 亿元，涵盖机组出勤、综合办公、机务维修、航空货运、航空食品等功能板块，可以保障百架规模机队运行。

该自动化物流系统包括托盘自动化物流系统、周转箱自动化物流系统、计算机管理系统、电气控制系统等几个子系统。

二、项目总体规划

(一) 平面布局

一层区域规划为航材的主要物流活动区（见图 6-1），二层区域规划为航材的业务活动区（见图 6-2），航材的质检及仓储分装规划于二层平台，从而将需要严格过程控制的业务流程与出入库较为频繁的区域区分开。将与物流及其他部门的交接设置于一层平台，对各业务层面进行了相应的隔离，避免了航材的丢失风险。为了便于设备后期的维修保养，二层平台内设备均为小型化设备，避免重型设备在二层作业导致地面承载过大的安全隐患以及维修时搬运的不便。项目总体规划平面布局如图 6-3 所示。

对业务流程活动区域进行物理隔离，采用两个作业平面的规划方式，既实现了业务流程的隔离，又增加了作业面积，实现了建筑空间的最大化利用。航材可根据存储策略，进行单元化管理存放，并结合工艺流程，最大限度地减少托盘搬运频次。二层平台为整个作业区工作人员活动最密集的场所，为确保人机作业安全，避免了移动设备不可控因素对航材及人员造成伤害。航材的分装输送采用输送线的设计模式，有效避免了移动设备带来的安全隐患，而利用输送线还能实现航材作业过程中的队列缓存，从而实现了分装工序的连续性作业。

图 6-1　一层平面布置

图 6-2　二层平面布置

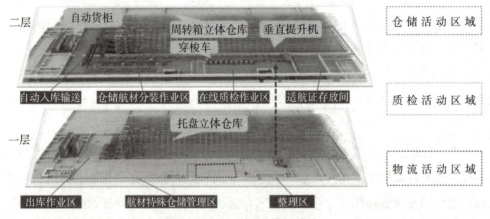

图 6-3　项目总体规划平面布局

(二) 区域功能

系统总体物流流向是垂直的，航材由侧面进入，经质检和仓储分装流程后入库，然后再根据订单结构拣选出库。航材的存放依据分类分级存储策略分为落地、横梁式重型货架、托盘立体仓库、周转箱立体仓库、自动货柜、隔板式货架等方式。核心功能区及物流作业密集区域位于建筑中心位置，在整体设计上保障建筑空间利用率最大化，功能上满足航材转运及仓储需求，也具备对复杂流程的多种适应性。一层和二层的功能分区如图6-4和图6-5所示。

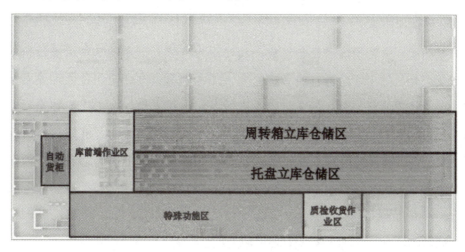

图6-4　一层功能分区示意图

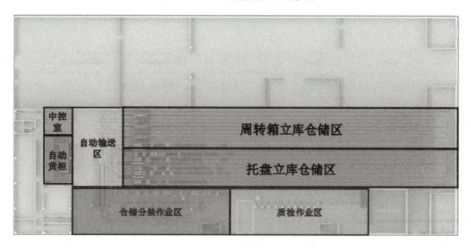

图6-5　二层功能分区示意图

1. 主要功能分区

（1）托盘立库仓储区。

区域功能：完成实托盘物料的自动仓储、管理。

库存容量：6（排）×38.5（列）×13（层）×2（双货位）＋42＝6 048个货位。

主要设备：转轨堆垛机、组合横梁式货架。

（2）周转箱立库仓储区。

区域功能：完成周转物料的自动仓储、管理。

库存容量：6（排）×165（列）×46（层）×1（单货位）＝45 540 个货位。

主要设备：转轨堆垛机、组合牛腿式货架。

（3）库前端作业区。

区域功能：由若干输送设备组成，其功能为将需要出库的物料从堆垛机取放货站台搬运至相应的出库站台，或者将需要入库的散盘及空托盘组从入库站台搬运至相应的堆垛机取放货站台。用于完成入库散盘、空托盘组，及出库实托盘物料的自动输送。

主要设备：链式输送机、升降输送机、辊道输送机、操作终端和体积检测扫描器等。

（4）特殊功能区。

区域功能：主要实现特殊航材的功能型存储管理。

主要设备：搬运叉车。

（5）质检收货作业区。

区域功能：用于实现质检与物流部门的航材交接，质检部门确认后，将航材堆码在托盘上，完成相应的信息绑定。完成信息确认后，将航材搬运至站台，通过提升机搬运至二层预定区域存储。

主要设备：链式输送机、升降输送机、垂直提升机、操作终端和外检站等。

（6）自动输送区。

区域功能：由若干输送设备组成，其功能为将需要入库物料或者空托盘组输送至巷道堆垛机取放货站台，由堆垛机搬运入库，并在线确认相应的托盘外形尺寸及重量。或从巷道堆垛机取放货站台将待盘点航材或者空托盘组搬运至相应的站台，用于完成航材物料入库、盘点以及空托盘组处理过程中的自动输送。

主要设备：输送设备、操作终端和体积检测扫描器等。

（7）质检作业区。

区域功能：用于待质检盘航材入库暂存或者将航材搬运至质检站台。

主要设备：穿梭车、暂存货架、链式输送机、升降输送机、垂直提升机和操作终端等。

（8）仓储分装作业区。

区域功能：用于已质检航材入库暂存或者将已质检航材搬运至分装工位，与质检作业区共用穿梭车搬运系统。

主要设备：穿梭车、暂存货架、链式输送机、升降输送机、垂直提升机、辊道输送机和操作终端等。

（9）自动货柜。

区域功能：主要实现对微小航材的存放管理，设置上下两层作业站台。二层用来入库，一层用来出库。

主要设备：垂直往复式自动货柜。

（10）中控室。

区域功能：是整个系统的信息化管理中心，中控室位置可根据实际需要相应调整。

主要设备：信息化管理终端、控制终端、监控终端、服务器、打印机、收发货管理工作台等。

2. 区域功能设计

航材库管理主体为消耗件、周转件和微小航材，消耗件和周转件采用自动化立体仓库存储，微小航材采用自动货柜存储。为确保对航材管理的全面性，对大型或重型航材规划相应的管理区域，纳入统一的管理系统。由于航材管理要求较为严格，流程相对烦琐，对于航材的领用、维修和更换有严格的管理体系，因此除平库管理外，还需要增加相应的功能型管理区域，如设置报废件、维修件、观察件、外送件等流程性区域，进行相应的信息化管理。一层和二层的平面布置如图 6-6 和图 6-7 所示，建筑钢平台搭建区域如图 6-8 所示。

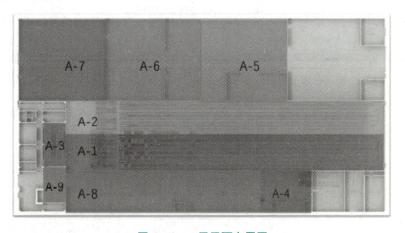

图 6-6　一层平面布置图

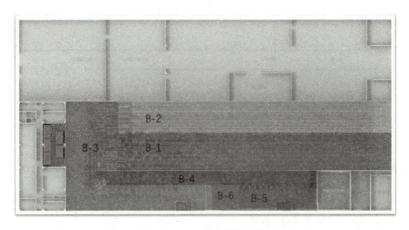

图 6 - 7　二层平面布置图

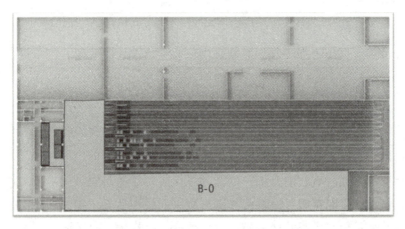

图 6 - 8　建筑钢平台搭建区域

各区域功能如表 6 - 1 所示。

表 6 - 1　各区域功能说明表

序号	楼层	区域代号	功能区域名称	类别	备注
1	一层	A - 1	托盘仓储系统	立体仓库及库前端作业设备	出库区至少有两个待取件托盘缓存
2	一层	A - 2	周转箱仓储系统	立体仓库及库前端作业设备	出库区至少有两个待取件周转箱缓存
3	一层	A - 3	自动货柜	二层入库，一层出库，C 型布置	3 台，预留 2 台安装位置
4	一层	A - 4	质检收货作业系统	垂直提升机及输送设备	2 台垂直提升机，2 台提升机备用
5	一层	A - 5	发动机库	落地存储	不提供存储设备，仅纳入软件系统进行库存管理

续表

序号	楼层	区域代号	功能区域名称	类别	备注
6	一层	A-6	大件航材库	平库货架	不提供存储设备，仅纳入软件系统进行库存管理
7	一层	A-7	中件航材库	平库货架	不提供存储设备，仅纳入软件系统进行库存管理
8	一层	A-8	仓储多功能存储区		不提供存储设备，仅纳入软件系统进行库存管理
9	一层	A-9	航材收发柜台区域	人工收发	
10	二层	B-0	二层平台（划归土建）	钢结构表面为混凝土或钢混结构	在线质检、在线分装、差异件存放区、自动货柜和堆垛机前端站台设备安装位置
11	二层	B-1	托盘库前端出入库系统	输送系统	
12	二层	B-2	周转箱库前端出入库系统	输送系统	
13	二层	B-3	在线分装配盘作业系统	输送搬运系统	
14	二层	B-4	穿梭车托盘暂存系统	穿梭车及货架	一轨双车
15	二层	B-5	在线质检作业系统	输送搬运系统	
16	二层	B-6	不合格品存放和仓储隔离区	特殊航材存放	
17	库房管理	A-5 A-6 A-7 其他	中件库、大件库、发动机库、航化库、油化库（库内货架由业主自主采购）	特殊航材存放	不能存入自动化立体仓库或者自动货柜的航材管理；库区网络全覆盖

（三）仓储容量设计

托盘货架：采用横梁式货架，双货位单深结构，6（排）×38.5（列）×13（层）×2（双货位）+42=6 048 个货位，货架设计高度 17.1m。

周转箱货架：采用牛腿式货架，单货位单深结构，6（排）×165（列）×46（层）×1（单货位）=45 540 个货位，货架设计高度 16.4m。

自动货柜：采用升降货柜，在一层和二层分别设置操作台，货柜尺寸 W4 517mm×D2 556mm×H10 900mm。单台货柜配备 111 个托盘，单托盘承载重量 500kg。3（台）×111（托盘）×34（单托盘料盒数量）=11 322 个货位。

（四）主要设备配置

主要设备配置如表 6-2 所示。

表 6-2　主要设备配置说明表

序号	名称或工作内容	数量	单位	备注
1	托盘仓储系统	1	套	含托盘、货架、堆垛机及输送设备等，托盘立体仓库 3 个巷道配备 3 台转轨堆垛机，采用单工位运行方式
2	周转箱仓储系统	1	套	含周转箱、货架、高速堆垛机及输送设备等，周转箱立体仓库 3 个巷道配备 3 台转轨堆垛机，采用双工位运行方式
3	自动货柜	1	套	含 3 台出入库作业工作台，每台设置上下两个作业口
4	质检收货作业系统	1	套	含垂直提升机、输送设备及 1 台林德电动叉车，配备 2 个作业站台
5	库前设备钢平台	1	套	仅提供技术要求
6	托盘库前端出入库系统	1	套	主要为托盘输送设备等
7	周转箱库前端出入库系统	1	套	主要为周转箱输送设备等
8	在线分装配盘作业系统	1	套	分装配盘及输送设备等，入库分盘单元 5 组，每组包含质检盘站台 1 个、分拣托盘站台 1 个、周转箱站台 2 个、自动货柜站台 1 个
9	托盘式物料暂存系统	1	套	含输送设备及横梁式货架等，配备一轨双车暂存系统；质检范围 56 个货位，仓库范围 56 个货位
10	在线质检作业系统	1	套	10 个质检工位、托盘输送设备及 1 台林德电动叉车
11	电控系统	1	套	含软件及硬件等
12	计算机管理系统	1	套	含软件及硬件等，中件库、大件库、发动机库、航化库、油化库和仓储多功能区域纳入管理系统
13	动态显示系统	1	套	含软件及硬件等，设置 65 寸高清显示器 7 台

（五）系统流量及效率

（1）本项目方案满足本航空公司未来 5 年内的自动化立体库的仓储流量需求。

（2）所有设备均为不间断运行，运行班次为 24 小时×356 天。

（3）如无特殊标注，以下流量值均按峰值计算，方案应大于等于相关流量要求，具体如表 6-3 所示。

表6-3　系统流量及效率情况表

序号	名称或工作内容	峰值	峰值单位	日均值	日均值单位
1	托盘仓储系统出库、入库复合效率（复合效率为1）	150	盘/小时	3 600	盘/天
2	托盘仓储系统入库、出库单一效率	114	盘/小时	2 736	盘/天
3	周转箱仓储系统出库、入库复合效率（复合效率为1）	260	箱/小时	6 240	箱/天
4	周转箱仓储系统入库、出库单一效率	220	箱/小时	5 280	箱/天
5	自动货柜入库	120	箱/小时·台	2 880	箱/天·台
6	自动货柜出库	120	箱/小时·台	2 880	箱/天·台
7	质检收货作业系统（商检-质检前暂存）	60	盘/小时	1 440	盘/天
8	在线质检作业系统（质检-入库前暂存）	60	盘/小时	1 440	盘/天
9	在线分装配盘作业系统	200	项/小时	4 800	项/天
10	商检暂存容量	60	盘		
11	质检暂存容量	50	盘		
12	入库暂存容量	50	盘		

注：单个托盘按照放置4台周转件计算容量；单个周转箱中按照放置3项消耗件计算容量；单个自动货柜物料盒按照一个货格存放1项消耗件计算容量。

（六）物料单元载具

1. 空托盘规格

材料：塑料。

外形尺寸（L×W×H）：1 200mm×1 000mm×150mm（见图6-9）。

最大单重：≤50kg。

信息载体：一维纸质条码，四向粘贴。

结构形式：四向进叉式，单面欧式川字托盘。

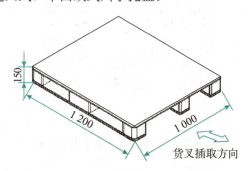

图6-9　空托盘外形尺寸示意图

2. 实托盘规格

码垛方式：人工堆码。

最大外形尺寸（L×W×H）：1 200mm×1 000mm×950mm（见图 6-10）。

额定承载：≤500kg（不含托盘自身重量）。

结构形式：四向进叉式，单面欧式川字托盘。

信息载体：一维纸质条码，四向粘贴。

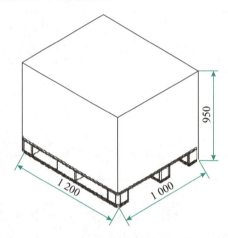

图 6-10　实托盘外形尺寸示意图

3. 空托盘组规格

外形尺寸（L×W×H）：1 200mm×1 000mm×900mm（见图 6-11）。

额定重量：≤300kg（6 个/组）。

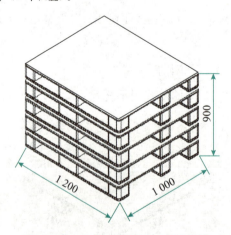

图 6-11　空托盘组外形尺寸示意图

4. 周转箱规格

外形尺寸（L×W×H）：900mm×400mm×200mm（见图 6-12）。

额定承载：≤50kg（不含周转箱自身重量）。

结构形式：周转箱内部每隔 100mm 设置插页卡槽，设 8 个分隔板。

信息载体：一维纸质条码，四向粘贴。

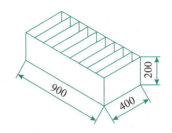

图 6-12　周转箱外形尺寸示意图

5. 自动货柜料盒规格

外形尺寸（L×W×H）：300mm×234mm×90mm（见图 6-13）。

额定承载：≤15kg（不含料盒自身重量）。

结构形式：料盒沿长度方向进行 3 等分，配置 2 个隔板。

信息载体：一维纸质条码，两向粘贴。

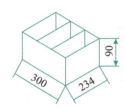

图 6-13　自动货柜料盒外形尺寸示意图

（七）货格单元设计

1. 托盘立体仓库货格单元

货架设计采用存储物料最大外形尺寸适用原则，为横梁式组合货架；为提高仓储密度，节约投资成本，货格单元设计为双货位存储；在离货架安装地面每隔 3m 高度范围内设置消防层，预留消防水喷淋盘的安装空间；货架额定承载重量设定为实托盘的最大重量 500kg（不含托盘自身重量）；立体仓库的货位高度设计为一种类型，更有利于管理，适用性也相对较好，在仓储峰值流量波动的情况下，一致化的货位布局方式更能凸显兼容性优势。为充分利用建筑空间高度，立体仓库货架安装垂直高度偏差为±0mm，与地面连接方式采用化学螺栓安装方式。托盘立体仓库货架立面图如图 6-14 所示。

2. 周转箱立体仓库货格单元

由于周转箱为封闭式容器，因此货架设计参考依据为周转箱外形尺寸。周转箱物

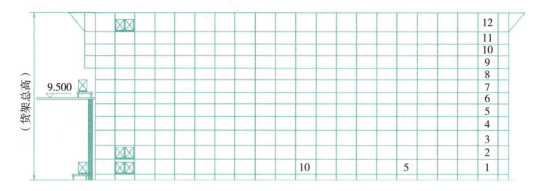

图 6 - 14　托盘立体仓库货架立面图

料重量相对较小，为扩大航材仓储容量，货格的设计采用牛腿式货架；单个货格单元内存放一个周转箱物料，由于垂直空间高度内占用较小，因此仓储密度较大，可大幅度增加货位数量。立体仓库货架安装垂直高度偏差为±0mm，与地面连接方式采用化学螺栓安装方式。周转箱立体仓库货架立面图如图 6 - 15 所示。

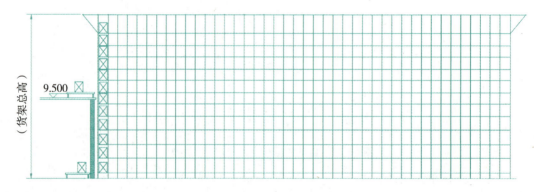

图 6 - 15　周转箱立体仓库货架立面图

三、工艺流程

（一）质检收货流程

该流程位于一层，为质检区对物流部门的收货流程，部门间的信息对接通过航材物流中转码完成，具有空托盘出库和组盘实托盘上架两个站台。托盘码与物流中转码绑定后，操作人员根据系统菜单提示进行选择，可以集中在一层质检区域缓存，也可以根据航材质检的任务情况，将待质检航材实托盘通过垂直提升机搬运至二层穿梭车暂存区的待质检货位存放，或者输送至质检站台完成相应的质检工序。质检收货流程如图 6 - 16 所示。

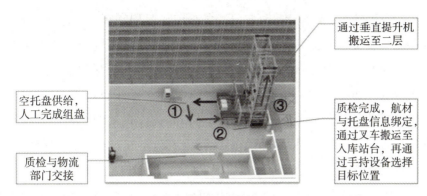

图 6 - 16　质检收货流程

（二）待质检暂存区航材质检流程

如图 6 - 17 所示，该流程位于钢平台二层区域，根据一层站台作业指令，将航材实托盘通过输送系统转运至质检站台，由质检人员完成相应的质检工序后，再由穿梭车搬运至已质检暂存区存储，或者通过穿梭车直接将待质检航材实托盘搬运至未质检航材暂存区存储，当需要进行质检时，再由穿梭车将待质检暂存区航材实托盘搬运至质检工位。质检完成后，通过穿梭车将航材搬运至已质检暂存区存储，传递给仓储管理工序。暂存区采用分权限控制的方式，严格按照权限区分相应的航材出入库管理。严格按照运单号管理，任何一个质检工位只能在完成当前运单号航材质检之后，才能发起下一个运单号航材质检流程，且质检工位的航材必须完成质检后方可进行其他操作。

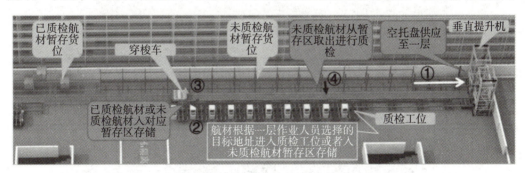

图 6 - 17　待质检暂存区航材质检流程

（三）已质检航材分装入库流程

该流程位于仓库管理人员作业区域，在钢平台二层，穿梭车将已质检暂存区的航材搬运至分装组盘作业单元的母盘工位，若为新批次航材入库，分装区托盘码分机将空托盘组拆分成单个空托盘，通过穿梭车搬运至分装子盘工位。若需要添加入库，自动按照分装排程提前将库内添加盘搬运至已质检暂存区，再由穿梭车搬运至分装组盘单元的子盘工位。周转箱分装单元输送系统设有 3 个分装站台，1 个用于存放新批次航材分装的空周转箱，1 个用于添加入库的分装子盘周转箱，1 个用于存放需要入自动货柜存储的航材。分装完成后的航材由托盘或者周转箱输送系统输送至库区存储，入自动货柜的航材周转箱则输送至自动货柜附近由人工整理入柜存储。已质检航材分装入库流程如图 6-18 所示。系统可自动提示分装子盘所需航材的拣选信息，分装完成后可自动进行相应的信息核对，周转箱立体库存放的航材需要与箱内格子号进行绑定。若发现问题，则需进行信息标记，申请空托盘或者使用分装完成后的空托盘退回到质检工位。空托盘退回到质检工位流程如图 6-19 所示。

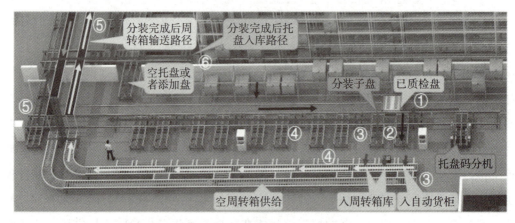

图 6-18　已质检航材分装入库流程

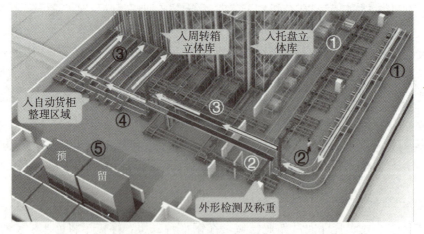

图 6-19　空托盘退回到质检工位流程

（四）分装周转箱供给流程

分装工位所需的空周转箱或添加盘周转箱，通过堆垛机搬运出库后，经输送线输送至对应的分盘工位。系统根据分装排程计划，将所需类别的周转箱在后端输送线缓存。根据缓存站台配置，存放新批次航材分装的站台需常备空周转箱，供分盘作业使用。需要添加入库时，系统自动将空置率最大的添加盘周转箱出库然后输送至分装添加盘站台，作为需要进入周转箱立体仓库的航材分装使用。需要进入自动货柜存放的航材则始终采用空周转箱作为转运载具，当库内没有空周转箱时，由人工投放空周转箱，通过输送线输送至自动货柜分装站台暂存使用。分装周转箱供给流程如图6-20所示。

图6-20 分装周转箱供给流程

（五）分装空托盘供给流程

分装工位所需的空托盘由分装区托盘码分机自动拆分补给。当托盘码分机空托盘消耗殆尽时，通过堆垛机将空托盘组搬运出库补充。分装母盘工位产生的空托盘供应至子盘工位备用，或者通过托盘码分机码垛成组后，进入立体库或穿梭车暂存区存储，或者通过穿梭车搬运至质检收货区供组盘码垛使用。分装空托盘供给流程如图6-21所示。

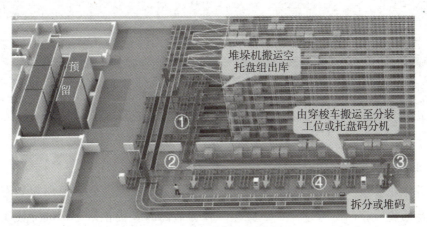

图6-21 分装空托盘供给流程

(六) 自动货柜航材入库流程

航材经输送线输送至自动货柜取货站台，由管理人员搬运至二层自动货柜作业站台整理入库。产生的空周转箱则通过输送线输送至分装工位，供航材分装使用。自动货柜航材入库流程如图 6 - 22 所示。

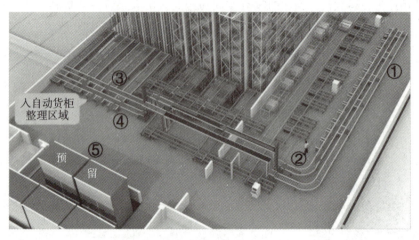

图 6 - 22　自动货柜航材入库流程

(七) 仓库与质检工序交接流程

仓库管理人员在航材分装过程中发现问题，且需要与质检部门进行相应的交接时，由穿梭车将整盘航材搬运至质检作业区质检工作站台，由质检区工作人员处理。如需要当面交接，则由仓库管理人员将航材搬运至隔离区，进行当面交接。仓库与质检工序交接流程如图 6 - 23 所示。

图 6 - 23　仓库与质检工序交接流程

(八) 暂存区穿梭车作业流程

正常作业模式一轨双车调度采用分片区管理方式，左车管理已质检暂存区，右车管理待质检暂存区。当任何一个穿梭车发生故障时，由正常运行的穿梭车管理全轨道区域。在流量较大时，穿梭车直接按照航材传递流程，将航材顺序转运，不进入货架暂存。

穿梭车—轨双车作业时，左侧穿梭车从缓存交接区取走一个已质检盘搬运至分装区域母盘工位，产生的空托盘搬运至托盘码分机堆码成组，或者从出库站台搬运空托盘至缓存交接区。右侧穿梭车至缓存交接区搬运空托盘组至垂直提升机站台，将待质检航材搬运入库缓存或出库质检，并将已质检航材托盘搬运至缓存交接区。暂存区穿梭车作业流程如图 6 - 24 所示。

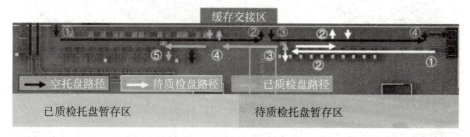

图 6 - 24　暂存区穿梭车作业流程

（九）盘库作业流程

航材盘点涉及仓储、财务和其他部门，为了不影响一层出库作业，设置在二层区域，内容主要是盘点数量和检查质量。按计划通过堆垛机将托盘逐个取出，送至临时出入库站台，操作人员根据现场计算机终端的盘库信息（或提前打印的盘库清单）进行盘库作业。完成清点确认后，航材返库存储，在盘点过程中，可按照设定的策略进行作业，并优先保障出库。盘库作业流程如图 6 - 25 所示。

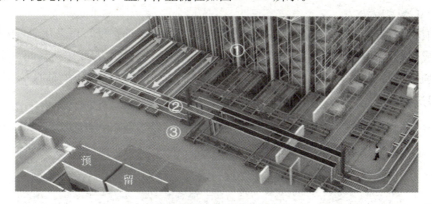

图 6 - 25　盘库作业流程

（十）航材出库流程

该流程区域位于一层，出库可根据需求采用在线拣选和 AGV 搬运出库的方式，剩余散盘通过设备反向输送入库，离线或过程中产生的空周转箱或者托盘由人工整理后，经入库站台入库存储。航材出库流程如图 6 - 26 所示。

1. 在线拣选出库

图 6 - 26 航材出库流程

采用在线拣选出库方式时，输送线将航材托盘按照最短路径搬运至出库拣选站台，人工取走对应数量的航材后，剩余航材返库存储。托盘或周转箱全程在线管理，可最大程度降低劳动强度，提高作业效率。拣选站台为编组使用，周转箱或托盘区域中间 4 个站台编为 2 组，两边为独立站台。编组站台使用时，其中一个为拣选站台，另外一个为订单盘站台，拣选时从库区内搬运单个空托盘至订单盘站台，若拣选航材全部在同一个拣选盘，系统可自动将该拣选盘转换为订单盘。完成拣选后，该订单盘可入库存储，或者呼叫 AGV 搬运至领料间存放。必要情况下可以借助编组站台，实现两个托盘的拼盘作业，提高库区航材存储密度。

2. AGV 搬运出库

在航材少量出库的情况下，为减少作业人员，降低劳动强度，可采用 AGV 作业的方式完成周转箱和托盘立体库存放航材的出入库搬运。操作人员可在领料间，由 AGV 将需要的航材整盘搬运至指定拣选工位，在线拣选完成并进行相应的信息确认后，由 AGV 搬运返库存储。AGV 搬运出库流程如图 6 - 27 所示。

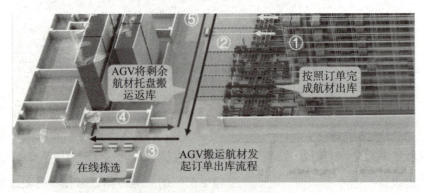

图 6 - 27 AGV 搬运出库流程

(十一) 自动货柜航材出库流程

工作人员根据信息提示到指定货柜，在一层作业站台取出相应的出库航材，然后更新信息即可完成出库作业。

(十二) 空托盘回收流程

空托盘主要在一层航材出库作业和二层航材分装作业时产生。拣选产生的空托盘返回至预留的单个存储货位缓存，也可由人工搬运离线堆码后，搬运至空闲站台，申请入库存储。在出库流量压力不大的情况下，拣选产生的空托盘库内缓存货位临近时，由堆垛机搬运至二层，经输送线至托盘码分机码垛成组后再返库存储，或者预留给分装作业使用。分装作业区产生的空托盘，由穿梭车搬运至托盘码分机，码垛成组后缓存备用，补充至暂存区货架或者供给一层质检收货区使用。空托盘回收流程如图6-28所示。

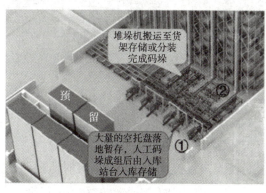

一层平面图　　　　　　　　　　二层平面图

图 6-28　空托盘回收流程

(十三) 空周转箱回收流程

一层拣选产生的空周转箱，在大流量出库时，可由作业人员搬离输送线缓存，在拣选完成后集中入库存储。当出库流量压力不大时，拣选产生的空周转箱直接进行返库操作。空周转箱回收流程如图6-29所示。

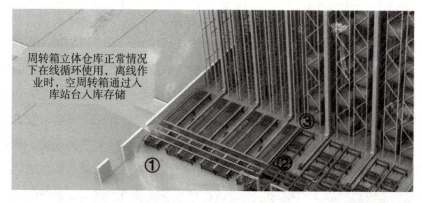

图 6-29　空周转箱回收流程

（十四）应急入库流程

二层入库区域设有应急作业区，在异常处理的情况下，可采用离线分装的方式完成航材入库。在大量航材需要集中入库的情况下，首先将空周转箱出库至地面堆放，经人工分装后集中入库。应急入库流程如图 6-30 所示。

模式一　　　　　　　　　　　　　　　　　模式二

图 6-30　应急入库流程

四、电气控制系统

（一）电控系统设计

1. 总体设计

（1）电控系统采用集中管理、分散控制的模式，将传感器、PLC、实时监控调度计算机、网络等诸多技术结合在一起，采用方便灵活的模块化、参数化方法进行设计，既能满足精确控制的总体工艺要求，又能满足管理现代化的要求。

（2）变频器、伺服控制器、空气开关、接触器及分布式 IO 模块等控制器件安装在分布式控制箱中。

（3）电控系统控制网络采用 PROFINET 架构。PROFINET 以其独特的技术、严格的认证规范、开放的标准、众多厂商的支持和不断发展的应用行规，已成为最重要的现场总线标准之一，在国际上应用广泛。

（4）主控制器选用西门子公司最新一代的 SIMATIC S7-1500 控制器，其通过多方面的革新，以其较高的性价比，在提升客户生产效率、提高客户关键竞争力方面树立了新的标杆，并以其卓越的产品设计理念为实现工厂的可持续发展提供了强有力的保障。

（5）信号采集的 I/O 模块选用西门子公司的 ET200SP 系列产品，放置于分布式控制箱内，通过 PROFINET 网关接入 PROFINET 网络，与 PLC 进行通信。所有输送电机采用变频控制。

（6）电控系统提供以太网接口，上层计算机系统通过以太网与电控 PLC 进行通信。

（7）采用模块化设计。所有控制器件完全按同一模板设计，相同设备的控制器件可相互替换。

2. 系统设计规范

电控系统设备主要由主控制柜、现场控制箱、现场操作员终端、变频器、PLC 控制器、低压电器等组成，如图 6 – 31 所示。

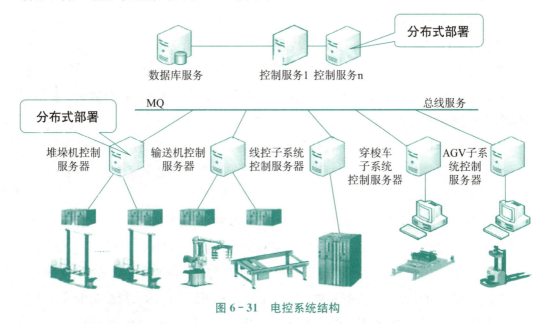

图 6 – 31　电控系统结构

（1）供配电设计。

动力配电采用三级供电方式，即用户配电柜至电控系统主控制柜、主控制柜至分布式控制箱、分布式控制箱至设备电机供电。每一级电力的传输均采用保护开关对下一级设备进行保护。

供电采用三相五线制（TN-S），380V AC±38V AC，50Hz±1Hz。系统的接地符合 IEC TN-S 规范要求，真正做到地线和零线分开。主控制柜及分布式控制箱内设有接地保护端子，控制元器件的金属外壳与接地保护线（PE 线）相连。

电缆的敷设符合国家标准，航材库区现场采用桥架方式，增加隔板，桥架预留一定空间余量。动力电缆和控制通信电缆分开敷设，尽量减少控制通信信号受到的干扰。设备上动力电缆不使用桥架形式的地方使用软管连接。

电缆采用多芯铜电缆。电缆首端和末端挂牌标注，标注清晰一致。

（2）主控制柜。

主控制柜包括电源柜和控制柜。电源柜负责电控系统的动力输入和电源分配，主要为系统提供 380V AC 动力电源、220V AC 辅助电源和 24V DC 控制电源。控制柜内部安装 PLC 主控制器,是整个系统的控制中心。

主控制柜的主开关通/断电采用按钮电操控制,并具有欠压、过流、漏电等保护功能。主控制柜门板上设置急停按钮,确保异常状况发生时,能及时切断动力回路电源。

主电源开关上端引出一组辅助电源,为 PLC 和欠压脱扣器供电。PLC 采用独立电源供电,设置独立的保护开关。

主控制柜的门板上设置电源指示、故障确认及故障消音等按钮。

主控制柜内设置照明日光灯,灯光在柜门开启时自动点亮或由人工打开开关点亮,日光灯配置单独的保护开关,便于手工操作和维修。设置冷却风扇进行散热。各控制柜内设置维修电源插座(220V AC)。

主电控柜采用下进线方式,内侧采用线缆槽方式布线,布局美观,接线方便。

输送机分段或分片区设置操作员终端台,具有手动操作功能及紧急停止功能。

(3)现场控制箱。

根据现场设备的位置分布和功能划分设计,现场控制箱安装在设备周围适当位置,箱内配置 I/O 模块、空气开关、接触器及变频器、伺服控制器等。

现场控制箱内模块地址的编号标识清晰、完整,与设备相连的电缆标号清晰统一。

每台电机均设计独立的控制器件,如接触器、变频器、电动滚筒控制卡等,通过配置电机保护总空开、变频器、热过载继电器以及程序监控等手段,使受控设备具备过载、缺相、短路保护功能。

现场控制箱内安装冷却风扇及维修使用的电源插座。

现场控制箱的设计及安装配置遵循以下原则:

1)设计模板化。采用模板式的设计方式,按照控制范围及设备位置分布相似性规划设备的电气元件在控制柜/箱的分布,缩短设计、生产及日后维护的时间。

2)集中原则。控制箱安装在所控制设备范围的中间位置。

3)可视性原则。控制箱安装的位置能看到全部所控设备,以便于操作、维修和调试。

4)安全性原则。控制箱安装在干燥、低温、静止的位置。

(4)现场操作员终端。

电控系统分片设置现场操作员终端,本方案选用西门子触摸面板作为操作员终端(见图 6-32)。现场操作员终端通过 PROFINET 与主控制器通信,监控软件采用 SIEMENS Portal WinCC。操作员终端是提供给现场操作人员的人机界面,具有如下主要功能:

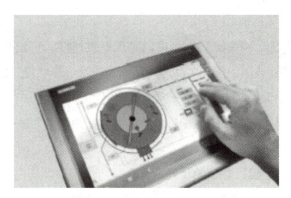

图 6 - 32　操作员终端

1）对设备的分段监视。图形页面按照系统平面布置来显示所监控的对象，界面友好，操作方便；通过设备外形模拟图反映各台设备电机状态（故障状态以变色方式反映）、主要设备参数和工艺参数等。

2）故障报警。有故障发生时，通过塔式报警灯发出声光报警提示，在操作画面上弹出报警信息框，显示故障信息并进行故障定位等。

3）物流信息查询及维护。可以查询当前物料的信息，也可以对这些信息进行手动维护。

4）密码登录管理功能。进入系统的口令验证，确保只有授权人员进行系统操作，权限不同，进入的界面和允许的操作权限也不同。密码登录管理界面如图 6 - 33 所示。

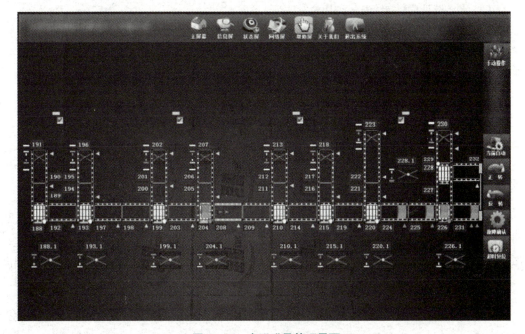

图 6 - 33　密码登录管理界面

（5）变频器。

系统所有输送电机采用变频器控制，以实现电机速度的可调整，保证货物的平稳输送。本方案中变频器选用国际知名品牌产品，品质及可靠性得到保障。其特点如下：

1）变频器采用柜内安装方式，防护等级不低于 IP20。

2）变频器的输出线采用屏蔽电缆，屏蔽层可靠接地。

3）变频器编号与主电柜相一致，安装布局符合标准。

4）变频器的输入、输出端接地良好、可靠。

5）输送设备变频器采用端子控制，提升设备变频器采用总线控制。

6）变频器带操作面板，具有与电脑连接的通信模块。

（6）PLC 控制器。

本项目选用西门子公司 SIMATIC S7-1500 系列产品。该系列产品是全新一代用于高、中档性能范围的可编程序控制器。该控制器除了具有传统 S7-400 系列产品的优点外，还具有多种优点：最优性能（更快的处理速度）、自带显示面板（可显示调试和诊断信息）、可支持 PROFINET 与 PROFIBUS 标准、创新的存储机制、优化的诊断机制。同时 SIMATIC S7-1500 系列 PLC 带有种类齐全的功能模板，能够构成最佳解决方案，满足自动化的任务要求。当控制任务变得更加复杂时，控制系统可以逐步升级，而不必添加额外的模板。其特点如下：

1）系统设计简洁灵活、适用性强。

2）模板安装非常简便，更换模块简单并且不会弄错。

3）模板更换方便，在连接器上的编码防止将已接线的连接器插到其他的模块上。

4）预装配接线。

5）端子和接线器都放置在模板凹槽内并有盖板保护。

（7）低压电器。

电控系统中所使用的低压电器主要有保护断路器、交流接触器、按钮开关、继电器、指示灯等。

1）保护断路器。保护断路器选用西门子公司 3RV 系列紧凑型断路器。3RV 系列根据限流原理进行工作，可用于电机或其他负荷的起动、断开及过载和短路保护，还可用作电动机断相保护。其瞬时过流脱扣装置按照额定电流 12 倍预设，以保证躲过电动机启动电流。

2）交流接触器。交流接触器选用西门子公司 3RT 系列产品。该系列产品为交流 50Hz 或 60Hz，额定绝缘电压为 690～1 000V，在 AC-3 使用类别下额定工作电压为

380V 时的额定工作电流为 9～400A。它主要供远距离接通及分断电路之用，适用于控制交流电动机的起动、停止及反转，符合 IEC 947、VDE 0660、GB 14048 等标准。

3）按钮、带灯按钮、指示灯。本项目选用施耐德公司 XB2 系列产品，用于控制设备中指示灯使用寿命很长的 LED 指示灯，标称电压下可使用 50 000 小时。

（8）电压等级。

动力电源电压等级 380V AC；

辅助电源电压等级 220V AC；

控制电源电压等级 24V DC；

按钮、指示灯电压等级 24V DC；

中间继电器电压等级 24V DC；

检测器件电压等级 24V DC。

3. 主要功能

（1）集中管理、分段控制。

电控系统按库区进行集中管理，本方案将整个物流中心分拣系统按照功能划分为不同的控制段，各控制段根据其工艺要求和设备布局合理配置控制元器件，形成一个功能完备、配置合理、相对独立的控制系统。各片区 PLC 通过以太网向上接入上位调度系统，接收生产任务和控制指令。各段之间功能独立、互不干涉，局部故障不会导致整个控制体系瘫痪，提高了系统的可用性。

（2）多种控制模式。

1）手动控制。电控系统提供手动操作功能。手动控制主要用于故障处理以及设备维修、维护、调试等。在此控制方式下，操作人员可以通过现场操作员终端对设备、执行机构动作进行操作，部分设备上还设置了操作按钮，实现手动控制功能。

2）自动控制。电控系统与上位系统离线时，操作人员可在现场操作员终端输入指令（如货物目标地址、类型等信息）实现对各输送设备的自动控制，包括电机启/停、执行机构的动作等，从而实现对物流和数据流的自动传输，在与上位系统离线时完成输送任务。

3）在线控制。正常情况下，电控系统与上位系统保持通信连接，由上位系统下达物料输送命令，电控系统接收命令并对各输送设备进行动作控制，包括电机启/停、执行机构的动作等，从而实现对物流和数据流的自动传输，最终满足工艺流程的要求。

（3）安全保护功能。

电控系统设计充分考虑了人员、设备和货物的安全，并采取了多项安全保护措施。

1）急停保护。主控制柜、现场操作员终端、重要设备的附近设有急停按钮。当出现紧急情况时，按下急停按钮，该控制段内所有设备立即全部停止运行。经确认解除紧急情况后，系统方可正常工作。

2）连锁安全门保护。在高速运行设备的周围设有连锁安全门，当安全门被打开时，高速运行设备将停止运行，以保护现场设备和人员的安全。

3）设备维修安全保护。设备按区域配置隔离开关，当对设备进行维修或维护保养时，通过断开隔离开关可以切断设备动力电源，从而保证操作、维修人员的安全。设备金属外壳可靠接地。

（4）故障自动报警诊断。

当设备出现故障时，系统能自动诊断并产生相应的声光报警，同时在现场操作员终端上定位故障点、显示故障信息，方便操作和维护人员迅速排除故障，减少系统停机时间。故障排除并经确认后，系统恢复自动状态并继续之前在线任务的执行。故障大概分为以下几类：

1）主控柜故障，如控制电源故障、负载电源故障等。

2）单台设备故障，如空开接触器故障、变频器故障、超时故障等。

3）功能性故障，如智能识别故障、外检故障等。

4）安全保护故障，如急停故障、安全限位故障、安全门故障等。

5）网络故障，如子站离线故障等。

（5）设备实时监控功能。

操作人员可在现场操作员终端通过图文结合方式实时监控各台输送设备的运行情况、开关的状态、货物信息、故障信息等，可对设备进行远程故障确认与信息参数维护。电控系统具有输送过程物流与信息流同步的特点，便于物料质量追踪，主要包括：

1）物料信息实时跟踪与查询。

2）设备故障状态实时显示，并记录与统计故障情况，以供设备维护人员参考。

3）网络节点的智能诊断、定位故障，便于设备的维护。

（6）信息查询及维护。

操作人员可在现场操作员终端上查询每台输送设备当前输送物料的信息（如物料类型、目标地址等），必要时也可以对这些信息进行有权限的人工维护。

4. 抗干扰技术

（1）抗光干扰。

为使系统稳定可靠运行，采取下列措施减少及抑制现场复杂光环境对电控系统的干扰：

1）选用不易受可见光影响且检测精度高的光电检测器件。

2）光电检测器件尽量统一朝向并背光安装。

3）特殊工况增加遮光装置或换用对射式光电检测器件。

（2）抗电磁干扰。

为使系统稳定可靠运行，采取下列措施减少及抑制现场复杂电磁环境对电控系统的干扰：

1）桥架设计时动力电缆和通信电缆分开敷设，将通信信号受到的干扰降至最低。

2）配电采用三相五线制，零线和地线严格分开，电气及机械设备接地完好，并按照主控柜等电位原则进行电缆连接。

3）对 PLC、网络通信部件本身按规定的接线标准和接地条件进行接地，确保可靠接地。

4）选用带滤波器的变频器，变频器至电机的输出部分采用屏蔽电缆。

（3）抗误信号干扰。

控制程序对关键点的误信号（掉落的杂物或人工清洁设备等非正常触发检测元件）进行滤波处理，根据信号产生的时机、信号存在的时间长短判断信号的合理性，滤除不合理信号的干扰，保证系统正常运行。

5. 控制接口

为保证物流与信息流在系统间的顺利传输，电控系统提供以太网、PROFINET、硬件 I/O 等多种通信接口，能支持与常用自控设备的通信需求。对于特殊的设备，可提供专用的接口，满足使用需求。

6. PLC 编程规范

（1）PLC 编程按程序设计规范进行，方便程序阅读及故障查找。

（2）变量符号的命名采用统一的格式。

（3）程序块及数据块编号基本统一，功能明确。

（4）采用模块化编程、自定义结构变量等先进的编程方式。

（5）每个程序块的头部都带有程序功能、逻辑描述等程序块说明。

（二）器件选型及说明

电控系统所用器件选型严格遵循相关要求，所选器件均为国内外知名品牌，性能稳定可靠。在选型时还特别注重针对同一器件尽量减少规格品目并保持一致性，使用户在备件方面减少人力、物力、财力的投入，实现易选、易购、易换、降低运营成本的目标。器件选型说明如表 6-4 所示。

表 6-4　器件选型说明表

序号	器件	型号/系列	厂家/产地	备注
1	主控制器（PLC）	S7-1500　系列	国际知名品牌	
2	控制箱内 I/O 模块	ET 200SP 系列	国际知名品牌	PROFINET 接口
3	现场操作终端	精智系列	国际知名品牌	
4	条形码识别器	BL-1300 系列	国际知名品牌	
5	主令开关	NSX 系列	国际知名品牌	电动操作
6	变频器		国际知名品牌	
7	主控制柜、现场控制箱		国际知名品牌	
8	按钮、选择开关、指示灯		国际知名品牌	
9	隔离开关		国际知名品牌	
10	光电开关		国际知名品牌	
11	电缆、桥架及附件等		国内知名品牌	
12	现场操作终端		国际知名品牌	
13	交换机		国际知名品牌	

（三）控制软件

1. 软件选型

控制软件采用国际国内知名品牌。

2. 软件特点

（1）使用符合 IEC 1131-3 国际标准的 PLC 编程语言进行程序编写。

（2）采用易于理解的符号表代替内存地址，方便查找与理解。

（3）带有详细的中文注释，便于理解程序功能。

（4）使用模块化编程方式，使程序结构清晰明了。

（5）使用标准化编程方式，使程序易于扩展和维护。

（6）控制程序充分考虑节能措施，杜绝长时间运行、空载运行与过载运行。

（四）系统配置

1. 控制对象

仓储物流系统内相关的输送作业设备。

2. 主要控制设备组成

主要控制设备由低压控制电器、电机装置、可编程控制器等组成。

（五）供电及控制要求

1. 供电要求

动力电源：TN-S 380V AC±38V AC，50Hz±1Hz，三相五线制；地线和零线要严格分开，航材库区接地电阻值≤4Ω，中控室接地电阻值≤1Ω。

2. 供电容量和位置

本方案供电参数如表 6-5 所示。

表 6-5　供电参数表

配电点	配电点名称	容量（A）	回路数	备注
1	自动货柜电源点	80	1	TN-S 380V AC±38V AC，50Hz±1Hz
2	输送系统主控柜电源点	300	1	TN-S 380V AC±38V AC，50Hz±1Hz
3	件箱堆垛机电源点	160	1	TN-S 380V AC±38V AC，50Hz±1Hz
4	托盘堆垛机电源点	160	1	TN-S 380V AC±38V AC，50Hz±1Hz

（六）电缆桥架

本方案中考虑到整个系统电缆较多，为了减少电缆线之间的干扰，提高自动化系统的抗干扰能力，保证自动化系统运行的稳定性、可靠性，对电缆、桥架敷设及系统布线进行了科学设计。现场电缆桥架的设计及敷设遵循以下原则：

（1）桥架内增加隔板设计，动力电缆和通信电缆分开敷设。

（2）电缆桥架的设计和安装标准：中国工程建设标准化协会标准《钢制电缆桥架工程设计规范》（T/CECS 31-2017）。

（3）设计时注意电缆填充留有一定的空间，以免桥架内部热量积累。

（4）实施时考虑桥架伸缩缝。伸缩缝是为电缆桥架系统热胀冷缩在安装中预留的安装间隙。

（5）进出桥架的电缆采用 PG 接头与桥架连接，桥架到设备器件的电缆采用软管进行保护。

（6）所有现场安装的器件及安装附件（包括各接头、线管等）防护等级≥IP54，现场箱体内控制器件的防护等级为 IP20。

（7）所有电缆均配有电缆标记条、标记号。

（8）所有控制器件，包括主控柜、分布式控制箱、接线盒、按钮操作盒、隔离开关盒等均设有标识标牌，标识清晰牢固。

（9）采用封闭式桥架，桥架盖板采用卡扣式，桥架连接处的编织连接线安装在桥架内部。

任务二　某医药自动化立体仓储系统

○ 任务引入

一、项目介绍

该项目是为某地卫生系统建设的五个位于不同区域的立体仓储系统，其中包括一个位于中心城市的中央配送中心，以及四个分布于其他地市的区域配送中心。该项目旨在通过立体仓储物流配送中心的建设，改变当地现有药品及医疗器械监管混乱的状况，提升医药管理与物流配送的自动化能力，建立起更为科学、合理的医药管理与配送模式。

五个立体仓储配送中心的分布情况如图 6-34 所示。

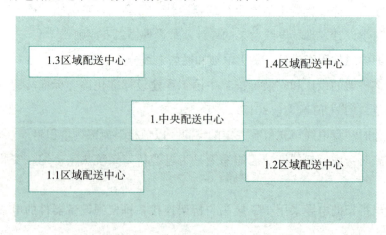

图 6-34　五个立体仓储配送中心的分布情况

（一）中央配送中心概况

中央配送中心的仓储区域建筑物占地面积约 15 000m²，系统能力如下：

（1）总存储量约 15 000 托盘，其中立体仓库区约 12 000 托盘，叉车货架区约 3 000 托盘，拆零拣选区箱货位约 14 000 个。

（2）总品规数（SKU）约 10 000 个。

（3）日入库峰值约 1 200 托盘，出库峰值与其匹配。

（4）日入库均值约 170 托盘，出库峰值与其匹配。

（5）高速分拣系统设计能力约 2 500 件/小时。

（6）整托出库占比约 75%，整箱出库占比约 20%，拆零拣选出库占比约 5%。

（二）区域配送中心概况

单个区域配送中心的仓储区域建筑物占地面积约 8 000m²，系统能力如下：

（1）总存储量约 6 000 托盘，其中立体仓库区约 4 000 托盘，叉车货架区约 2 000 托盘，拆零拣选区箱货位约 8 000 个。

（2）总品规数（SKU）约 8 000 个。

（3）日入库峰值约 800 托盘，出库峰值与其匹配。

（4）日入库均值约 170 托盘，出库峰值与其匹配。

（5）高速分拣系统设计能力约 2 000 件/小时。

（6）整托出库占比约 10%，整箱出库占比约 80%，拆零拣选出库占比约 10%。

二、立体仓储系统方案介绍

（一）工艺概述

中央配送中心由停车区、收发货作业区、立体仓库冷藏区、立体仓库常温区、叉车货架区、整箱/拆零拣选区、托盘输送系统、箱件输送系统、复核包装区、高速分拣区、特殊功能区（包含但不限于冷冻库、易串味药品库、贵重药品库、危险品区、抽检区、退货区等）以及辅助办公、配套公用工程设施等组成。

区域配送中心由停车区、收发货作业区、立体仓库常温区、叉车货架区、整箱/拆零拣选区、托盘输送系统、箱式输送系统、复核包装区、高速分拣区、特殊功能区（包含但不限于冷冻库、冷藏库、易串味药品库、贵重药品库、危险品区、抽检区、退货区等）以及辅助办公、配套公用工程设施等组成。

中央配送中心的冷冻库温度低于−25℃，立体仓库冷藏区温度为 2℃～8℃，其他区域温度控制在 20℃以下。区域配送中心的冷冻库温度低于−25℃，冷藏库温度为

2℃～8℃，其他区域温度控制在 20 ℃以下。

各子系统主要工艺如下：

（1）整托盘进出库：整托盘进出库由自动输送系统实现，全程由计算机系统自动管理。

（2）收发货：采用无线射频技术结合叉车实现收发货。

（3）拣选：采用数字拣选系统（DPS）、无线射频技术等实现拣选功能。

（4）分拣：采用高速自动分拣机实现分拣功能。

（5）输送：采用自动控制的链式输送机、辊道输送机、升降输送机、带式输送机、分合流输送机等实现出入货或补货。

（二）平面布局

立体仓库平面布局如图 6－35 所示。

图 6－35　立体仓库平面布局

1. 中央配送中心

中央配送中心的库房分为一层和二层两部分。

库房一层平面主要设置立体仓库冷藏区、立体仓库常温区、叉车货架区、整箱/拆零拣选区、复核包装区、高速分拣区、特殊功能区（包含但不限于冷冻库、易串味药品库、贵重药品库、危险品区、抽检区、退货区等）、收发货作业区、卸货平台以及辅助办公、配套公用工程设施，如图 6－36 所示。

库房二层局部平面设置有立体仓库整件药品 U 形在线箱拣区以及其他特殊功能区，

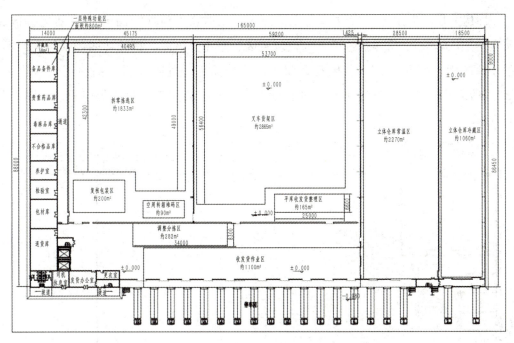

图 6-36 中央配送中心库房一层平面设置布局

同时还设置有资料室、会议室、办公室及参观走廊等辅助用房，如图 6-37 所示。

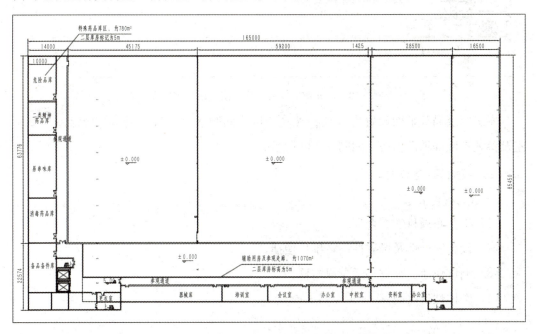

图 6-37 中央配送中心库房二层局部平面设置布局

2. 区域配送中心

区域配送中心的库房各分为一层和二层两部分。

　　库房一层平面主要设置立体仓库常温区、立体仓库整件药品 U 形在线箱拣区、叉车货架区、整箱/拆零拣选区、复核包装区、高速分拣区、特殊功能区（包含但不限于冷冻库、冷藏库、易串味药品库、贵重药品库、危险品区、抽检区、退货区等）、收发货作业区、卸货平台以及辅助办公、配套公用工程设施等组成，如图 6-38 所示。

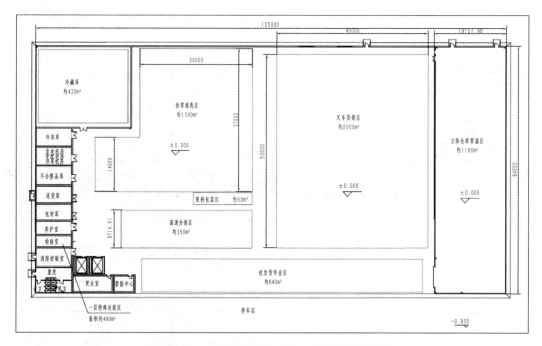

图 6-38　区域配送中心库房一层平面设置布局

　　库房二层局部平面设置有其他特殊功能区，同时还设置有资料室、会议室、办公室及参观走廊等辅助用房，如图 6-39 所示。

（三）项目基础数据

1. 系统设计要求

（1）工艺布局科学、合理。

（2）设备安全性及可靠性高，维护便捷。

（3）响应快速、高效，运营成本低。

（4）整体性价比高。

2. 托盘单元

（1）托盘外形尺寸：1 200mm×1 000mm×160mm（木质托盘）。

（2）实托盘外形尺寸：1 200mm×1 000mm×1 200mm（含托盘高度）。

（3）空托盘垛外形尺寸：1 200mm×1 000mm×1 120mm。

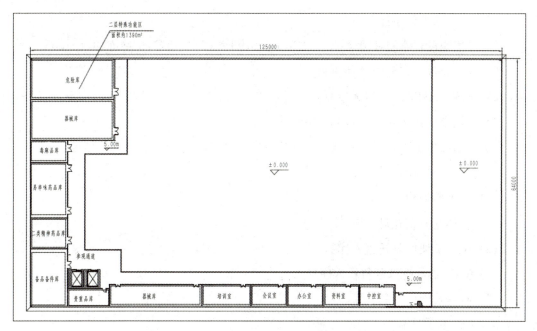

图 6 - 39　区域配送中心库房二层局部平面设置

（4）实托盘单重：≤700kg（含托盘）。

（5）每个托盘的存放量：约 20 件/托盘。

3. 整件物料单元

适合件箱输送线的物料尺寸及重量如下，而尺寸及重量不在以下范围内的采用人工方式入、出库：

（1）商品箱外形尺寸范围：

L：200～600mm；

W：150～500mm；

H：90～500mm。

（2）商品箱单重：1.2～25kg/箱。

4. 物流周转箱

物流周转箱的结构和尺寸如下：

周转箱（顶部带翻盖）上部外尺寸为 600mm×400mm×315mm，底部外尺寸为 525mm×330mm×315mm。

5. 系统运行条件

（1）系统工作时间。

24 小时有人值班，收发货波峰在上午 9:00—下午 4:00（共 7 小时）。

（2）设备的工作条件。

1）环境温度：常温环境（8℃～20℃），冷藏库（2℃～8℃），冷冻库（-25℃）。

2）使用条件：自然正常环境。

3）湿度：RH30～90（无冷凝）。

4）使用电压：单相 AC 110V 60Hz。

（四）物流系统主要作业流程

1. 进货/入库流程

（1）入库前抽检。

（2）立体仓库整托盘入库。

（3）叉车货架区整托盘入库。

（4）整箱/拆零拣选区整箱入库。

（5）特殊功能区药品入库。

2. 出库/发货流程

（1）立体仓库整托盘出库。

（2）叉车货架区整托盘出库。

（3）立体仓库 U 形在线拣选整箱出库。

（4）叉车货架区整箱拣选出库。

（5）整箱/拆零拣选区拼箱出库。

（6）特殊功能区药品出库。

3. 合单（分单）发货作业

当整托盘出库、整箱出库和拆零拣选拼箱出库等订单的所有作业都完成后，即可对该订单进行数量校核，确认无误后即可装车发货。

4. 补货流程

按照闲时补货或随时补货的原则，驱动生成补货需求，主要包括：

（1）立体仓库 U 形在线拣选区域向整箱/拆零拣选区补货。

（2）叉车货架区向整箱/拆零拣选区补货。

5. 托盘流程

（1）空托盘的生成。

1）立体仓库整托盘出库。

2）叉车货架区整托盘出库。

3）立库仓库 U 形在线拣选区域整箱拣选出库或补货。

4）叉车货架区整箱拣选出库或补货。

（2）空托盘的回收。

出库生成的空托盘首先供应给入库货物组盘使用，如果不足，就从库内调集空托盘垛。空托盘在满足入库组盘需求后，剩余托盘码成垛后待不忙时入库储存待用。叉车货架存储区的托盘单独处理，不进入立体库。

6. 空周转箱流程

（1）拣选周转箱的导入。已检验合格的周转箱通过周转箱输送线输送至工作工位。

（2）使用后空周转箱的回收流程。使用后空周转箱进入下层空周转箱回收输送线输送至周转箱放置点；如果需要在线上缓存，则通过空周转箱码分机进行码垛缓存，以备使用。

三、系统物流设施设备

（一）物流设施设备

1. 中央配送中心关键物流设备

中央配送中心关键物流设备如表 6-6 所示。

表 6-6　中央配送中心关键物流设备

序号	设备	单位	数量	备注
1	叉车货架区货架	托盘	3 000	上下浮动控制在 10% 以内
2	立体仓库冷藏区货架	托盘	4 000	上下浮动控制在 1% 以内
3	立体仓库常温区货架	托盘	8 000	上下浮动控制在 1% 以内
4	堆垛机	台	10	负责立体仓库托盘的存取
5	托盘输送系统	套	1	负责立体仓库货物的入/出库
7	在线拣选系统	套	1	负责立体仓库整箱拣选出库及向整箱/拆零拣选区补货
6	件箱输送系统	套	1	负责将货物从不同的存储区域输送到包装区域或高速分拣区，或从一个存储区域输送到另外的存储区域
8	整箱/拆零拣选区货架	货位	14 000	上下浮动控制在 2% 以内
9	拆零拣选系统	套	1	负责整箱/拆零拣选区货物的拆零拣选
11	复核包装台	组	10	负责周转箱内货物的复核、包装
10	高速分拣机	套	1	负责对各个区域输送过来的货物按照一定的类别进行分类拣选，能力不低于 2 500 箱/小时
12	WCS 系统	套	1	集成化物流监控系统 WCS，支持与 WMS 系统的连接

续表

序号	设备	单位	数量	备注
13	叉车	台	6	负责货物的入库/出库及仓库内流动
14	木托盘	个	16 000	
15	周转箱	个	600	
16	冷冻库	m²	50	包含制冷设备和物流设备，面积上下浮动控制在 1% 以内

2. 区域配送中心关键物流设备

区域配送中心关键物流设备如表 6-7 所示。

表 6-7 区域配送中心关键物流设备

序号	设备	单位	数量	备注
1	叉车货架区货架	托盘	2 000	上下浮动控制在 10% 以内
2	立体仓库常温区货架	托盘	3 600	上下浮动控制在 1% 以内
3	堆垛机	台	4	负责立体仓库托盘的存取
4	托盘输送系统	套	1	负责立体仓库货物的入/出库
5	在线拣选系统	套	1	负责立体仓库整箱拣选出库及向整箱/拆零拣选区补货
6	件箱输送系统	套	1	负责将货物从不同的存储区域输送到包装区域或高速分拣区，或从一个存储区域输送到另外的存储区域
7	整箱/拆零拣选区货架	货位	8 000	上下浮动控制在 2% 以内
8	拆零拣选系统	套	1	负责整箱/拆零拣选区货物的拆零拣选
9	复核包装台	组	5	完成周转箱内货物的复核、包装任务
10	高速分拣机	套	1	负责对各个区域输送过来的货物按照一定的类别进行分类拣选，能力不低于 2 000 箱/小时
11	WCS 系统	套	1	集成化物流监控系统 WCS，支持与 WMS 系统的连接
12	叉车	台	4	负责货物的入库/出库及仓库内流动
13	木托盘	个	6 000	
14	周转箱	个	500	
15	冷冻库	m²	50	包含制冷设备和物流设备，面积上下浮动控制在 1% 以内
16	冷藏库货架	托盘	400	上下浮动控制在 1% 以内

（二）总体配置及关键设备

该项目主要核心器件均选用国际知名品牌产品。其核心设备包括以下几种。

1. 有轨巷道堆垛机

（1）堆垛机形式：双立柱有轨巷道堆垛机。

（2）作业方向：堆垛机沿着巷道天地轨运行，其作业方向有三个。水平行走为 X-X 方向，能把货物送到任意一列；垂直升降为 Y-Y 方向，能把货物提升到任意一层；货叉伸缩为 Z-Z 方向，能存取货物。

（3）立柱：立柱由优质钢材焊接而成，结构牢固，其直线度精度范围为 0.1%。

（4）导轨：导轨采用冷拉扁钢制作而成。

（5）控制方式及认址方式：

1）堆垛机运动机构采用交流变频调速方式。

2）堆垛机定位方式采用绝对认址方式，如激光测距认址及角度编码方式。

3）定位精度：X 为 ±5mm；Y 为 ±5mm；Z 为 ±3mm。

4）控制方式：手动、单机自动、联机全自动。

5）货叉运行同步误差：小于 5mm；运行重复回位精度：±10mm；货叉上平面高低差：不大于 2mm。

（6）电源电压：单相 110V，60Hz。

（7）导电方式：采用安全滑触输电装置。

（8）通信方式：红外通信。

（9）电气设计及电气元器件：堆垛机及电气设备按照国际标准进行规范设计。

（10）控制元件：选用国际知名品牌产品，确保堆垛机运行可靠，具有操作、维护、维修方便等特点。

（11）堆垛机能力：

1）堆垛机能力须经过分析，单台堆垛机实测能力大于 40 盘/h。

2）运行机构采用交流变频调速方式，最大运行速度大于 160m/min。

3）载货台最大升降速度大于（变频调速）40m/min。

4）货叉最大伸缩速度大于 30m/min（变频调速）。

（12）堆垛机工作噪声：小于 80dB（A）。

2. 托盘输送系统

（1）结构：托盘输送系统由链式输送机、辊道输送机、升降机构及控制系统构成。

（2）标准输送单元：1 200 mm×1 000mm。

（3）额定载荷：700kg。

3. 箱式输送机系统

（1）机架：专用铝合金。

（2）滚筒：优质不锈钢。

（3）PLC：西门子品牌。

4. 高速分拣机

（1）标准输送单元：400mm×600mm×300mm。

（2）存储单元重量：最大25kg。

（3）分拣能力：2 500箱/小时。

（4）控制系统：总线控制，PLC控制。

（5）监控系统：WinCC。

（6）格口数：10＋1个（含一个溢出口）。

（7）组成：主机、导入接口、供包输送机、条码阅读段、调整段、加速段、格口段输送机、控制系统等。

四、电气控制系统

电控系统向上连接物流调度计算机系统（WCS），接收物料的输送指令，向下连接输送设备，实现底层输送设备的驱动、输送物料的检测与识别，从而完成物料输送的过程控制及信息的传递。电气控制系统的结构如图6-40所示。

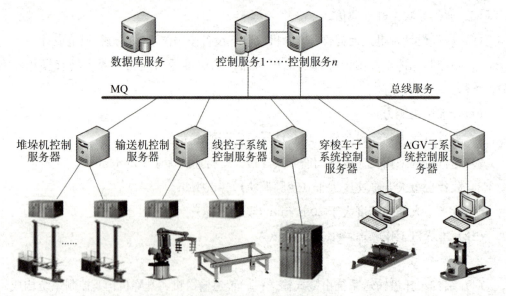

图6-40　电气控制系统的结构

（一）系统方案

本项目采用 PROFIBUS-DP 控制网络架构电控系统；主控器件采用西门子品牌的 PLC，具有 PROFIBUS-DP 接口；机架上配置网卡，支持 TCP/IP 协议。通过现场分布式 I/O、空气开关与接触器的组合实现电机驱动和信号采集，通过西门子品牌的总线耦合器模块接入 PROFIBUS-DP 网络；带 PROFIBUS-DP 总线接口的操作员终端、条码识别器直接接入 PROFIBUS-DP 控制网络。为保证系统运行时数据传输及动作执行的实时性，PROFIBUS-DP 网络设计时采用以下方法：网络数据传输达到 1.5Mbit/s，并且在网络长度大于 200m 时采用中继器或另起一条 PROFIBUS-DP 重新挂接。

对于物流调度计算机系统（WCS），电控系统提供以太网接口，使用 OPC 协议进行通信。

（二）系统功能

1. 手动控制

电控系统提供手动操作功能。在此控制方式下，操作人员可以对设备动作进行操作。托盘输送设备的手动操作在现场操作终端上完成，件箱输送设备则采用按钮盒来实现手动操作。

2. 自动控制

电控系统与物流调度系统离线时，操作人员可在现场操作员终端输入指令实现对各输送设备的自动控制，包括电机启/停、执行机构的动作等，从而实现对物流和数据流的自动传输，在与上位计算机离线时完成输送任务。

3. 在线控制

正常情况下，电控系统与物流调度系统保持通信连接，由物流调度系统下达物料输送命令，电控系统接收命令并对各输送设备进行动作控制，包括电机启/停、执行机构的动作等，从而实现对物流和数据流的自动传输，最终满足工艺流程的要求。

4. 紧急停止

在主控柜上设有紧急停止操作按钮。当按下急停按钮后，切断动力电源，全线设备停止运行。经确认解除紧急情况后，系统方可正常工作。

5. 连锁安全门

在高速运行设备（如堆垛机）的周围设有连锁安全门，当安全门被打开时，高速运行设备将停止运行，以保护现场设备和人员的安全。

6. 故障报警

系统所控制的设备出现故障时，能自动诊断并产生相应的声光报警，同时在现场操作终端上定位故障、显示故障信息。故障排除并经确认后，在线任务可继续自动完成。

7. 信息查询及维护

操作人员可在现场操作终端上查询每台输送设备当前输送物料的信息（如物料类

型、目标地址等），必要时也可以对这些信息进行人工维护。

8. 设备监控

现场操作终端通过图文结合方式反映各台设备运行状态与信息。

9. 设备维修安全保护

当对设备进行维修或维护保养时，通过断开设备上的本地隔离开关可以切断设备动力电源，或者通过操作终端或手动选择开关把设备运行状态切换到手动运行模式，从而保证操作、维修人员的安全。

10. 控制接口

系统提供与其他相关工艺设备的连接。

（三）电控系统设计规范

电控系统设备由配电柜、主控制柜、现场控制箱、智能设备控制器（如条码识别器）、现场操作终端等组成。

动力配电采用三级供电方式，每一级电力的传输均采用保护开关对下一级设备进行保护，主控柜进线方式采用下进线。

系统具有完备的接地保护，系统的接地符合 IEC TN-S 规范要求。

PLC 供电取自主令开关进线端，有独立的保护开关。

（四）系统控制范围划分与配置

根据平面布置及工艺，将该系统划分为五组控制系统：自动化立体仓库控制系统、冷藏库控制系统、冷冻库控制系统、输送线控制系统、高速分拣系统。这五组控制系统相对独立。

（五）主要技术指标

1. 供电

动力电源：TN-S 110V AC±11V AC，60Hz±1Hz；地线和零线要严格分开，车间接地电阻值≤4Ω，中控室接地电阻值≤1Ω。

2. 系统所用电源电压等级标准

（1）动力电源电压等级 110V AC。

（2）辅助电源电压等级 110V AC。

（3）控制电源电压等级 24V DC。

（4）按钮、指示灯电压等级 24V DC。

（5）中间继电器电压等级 24V DC。

（6）检测器件电压等级 24V DC。

（六）控制程序

使用符合 IEC 1131-3 国际标准的 PLC 编程语言进行程序编写。

（七）电缆桥架

（1）电缆桥架的设计和安装标准：中国工程建设标准化协会标准《钢制电缆桥架工程设计规范》（T/CECS 31-2017）。

（2）进出桥架的电缆采用 PG 接头与桥架连接，桥架到设备器件的电缆采用软管进行保护。

（3）所有现场安装的器件及安装附件（包括各接头、线管等）防护等级不低于IP54，现场箱体内的控制器件的防护等级为 IP20。机上布线小于 500mm 采用电缆直接锁紧式接头，大于 500mm 采用软管走线。

（4）所有电缆均配有电缆标记条、标记号。

（5）所有控制器件，包括主控柜、现场控制箱、接线盒、按钮操作盒、隔离开关盒等均设有标识标牌，标识清晰牢固。

五、计算机控制系统

（一）基本功能

调度监控层是连接物流管理层及设备执行层的枢纽。与上层管理系统（WMS）相连接，接收物流管理层的指令，将其分解下达给各执行设备，并反馈下层完成情况。计算机控制系统界面如图 6-41 所示。

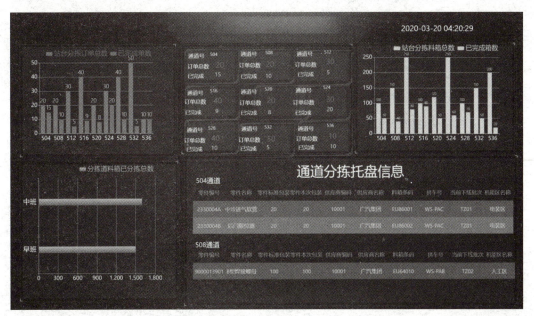

图 6-41 计算机控制系统界面

计算机控制系统的基本功能如下：

（1）具备标准、统一、灵活的系统接口及详细的接口说明。

（2）具有合理的、灵活的货位分配策略，可以根据要求定制货位分配策略。

（3）具有完备的设备监控功能及流程参数、运行参数、设备参数的显示和修改功能。

（4）图形界面可直观显示业务流程、物流状态、物流位置等。

（5）在上层 WMS 系统故障的情况下，用户可通过 WCS 系统人工指定货位或目标地址，驱动设备以实现紧急出入库操作。

（6）实时检测、显示设备运行状态，详细记录、报告设备故障、通信故障，发生设备故障及时报警。

（7）提供完整的错误任务或故障任务处理，方便任务撤销处理。

（8）作业管理，包括设备状态查询、作业任务单查询等。

（9）提供物流路径、段及控制管理，平衡路径任务，优化作业。

（10）提供详细的操作记录、运行日志，提供在线故障诊断及帮助功能。

（11）具有完备的操作权限管理功能，确保只有授权人员才能操作，人员权限不同则相应的操作权限不同。

（二）物流计算机系统配置

1. 总体配置

（1）本系统能与上层 WMS 系统无缝集成、接口兼容、实时互通、资源共享。

（2）系统总体结构包括网络拓扑图、系统及网络安全方案等。

（3）系统带有先进的备份方式，以提高系统的可靠性和安全性。

（4）系统带有应急电源，急停或断电时能保留断电前运行状态。

2. 硬件配置

（1）选用主流厂商的成熟、先进的主机系统，在满足本系统当前运行条件的前提下，为日后系统升级或扩展留有一定空间。

（2）具有高可靠性、大容量共享磁盘支持以及无断点的故障恢复等技术，带有必要的冗余和备份，确保系统稳定、安全运行。

所有计算机、服务器均通过合法渠道购买，保障售后服务及维修。

3. 软件配置

（1）软件系统充分考虑了与现有业务系统的接口，保证与现有系统的有机集成。

（2）所有用于生产运行的软件均为正版。外购软件提供了原包装的所有内容；自行开发的软件提供了可用于重新安装的光盘备份，并附带相关的说明资料。

（3）系统集成的接口标准技术采用 Web Service，实现跨技术平台的应用集成，应用系统之间的数据信息统一采用 XML 标准格式。

4. 数据库系统配置

（1）数据库从设计上尽量减少冗余，只允许部分数据重复，严格保证数据的一致性与完整性。

（2）支持数据库存取的并发操作，提高数据库的使用效率，严格控制由并发操作引起的连锁反应。

（三）计算机系统软硬件选型

（1）调度服务器：调度控制系统数据库服务器采用 DELL 品牌 PC 服务器。

（2）调度数据库：Oracle 10G。

（3）终端计算机：采用 DELL 品牌商用计算机。

（4）机柜：采用 VERO 品牌机柜。

（5）中控室网络交换机及现场交换机：CISCO 品牌。

（6）中控室配置网络激光打印机一台（自带网络接口）。

（7）中控室配置 UPS 电源，在线可达供电时间 1 小时。

参考文献

[1] 朱卫锋. 物流自动化技术及应用[M]. 武汉：华中科技大学出版社，2013.

[2] 朱宏辉. 物流自动化系统设计及应用[M]. 北京：化学工业出版社，2005.

[3] 张烨. 物流自动化系统[M]. 杭州：浙江大学出版社，2009.

[4] 肖军. 可编程控制器原理及应用[M]. 北京：清华大学出版社，2008.

[5] 陈海霞，柴瑞娟，任庆海，等. 西门子 S7-300/400 PLC 编程技术及工程应用[M]. 北京：机械工业出版社，2017.

[6] 蒋长兵，白丽君. 物流自动化识别技术[M]. 北京：中国物资出版社，2009.

[7] 张成海，张铎，赵守香. 条码技术与应用：本科分册[M]. 北京：清华大学出版社，2010.

[8] 董丽华. RFID 技术与应用[M]. 北京：电子工业出版社，2008.

[9] 李天文. GPS 原理及应用[M]. 3 版. 北京：科学出版社，2015.

[10] 陆守一，陈飞翔. 地理信息系统[M]. 2 版. 北京：高等教育出版社，2017.

[11] 李建伟，郭宏. 监控组态软件的设计与开发[M]. 北京：冶金工业出版社，2007.

[12] 张桂香，姚存治. 组态软件及应用项目式教学[M]. 北京：机械工业出版社，2019.

[13] 鲁晓春. 仓储自动化[M]. 北京：清华大学出版社，2002.

[14] 刘源，杨茉. 现代物流技术与设备[M]. 北京：中国财政经济出版社，2020.

[15] 韩建海. 工业机器人[M]. 4 版. 武汉：华中科技大学出版社，2019.